패턴리딩 최신개정판

실용독서의 뉴패러다임

패턴리딩

최신개정판

백기락 지음

크레벤지식서비스

2003년 어느 날, 한 회원이 필자에게 이런 질문을 했다.

"책을 많이 읽으시던데, 책을 어떻게 읽으세요?"

"음…, 글쎄요. 저는 '패턴식 책 읽기'라고 말할 수 있는 저만의 책 읽기 방법이 있습니다."

당시에는 별 다른 부연 설명을 하지 않았고 그럴 기회도 없었는데, 시간이 흐르면서 비슷한 질문을 점점 더 많이 받게 되었다. 연간 150권 정도를 읽을 때였는데, 되풀이해서 그런 질문을 받고 간단히 대답하고 보니, 초등학교 시절부터 지금까지 책을 그렇게 열심히 읽었으면서도 정작 독서법이 어떠했는지 깊이 생각해보지 않았다는 생각이 들었다. 그래서 국내외의 여러 독서법에 대해 관심을 갖기 시작했고, 독서법이 하나의 학문으로 자리 잡을 수 있다는 가능성과 필자의 독서법이 매우 앞선 기법이라는 사실을 깨달을 수 있었다. 이 책의 씨앗은 그렇게 뿌려지기 시작했다.

2006년에 출간된 이 책의 초판은 당시 교육 프로그램 내용의 약

90%를 담은 책이었다. 패턴리딩 교육이 호평 속에 1년 이상 지속되고 있던 터라, 당연히 책에 대해서도 좋은 평가가 나올 줄 알았다. 그리고 이 책에 대한 비판이 전혀 없을 거라고 생각하진 않았지만, 있다 하더라도 일부에 그칠 거라고 생각했다.

그런데 막상 책이 나오고 나서 필자는 당혹감을 감출 수가 없었다. 일단 반대나 비난이 생각보다 많았다. 여러 인터넷 서점에 올라온 독자 리뷰들은 필자의 당혹감을 시간이 갈수록 가중시켰다. 리뷰 중 대략 3분의 1 정도는 비난 조였던 것 같았는데, 나중에 매니저들이 조사해보니 50% 이상이라는 이야기도 있었다.

그쯤 되자, 필자는 오기가 나는 한편으로, '도대체 무슨 이유로 그렇게 비난을 많이 하는 것일까' 하는 궁금증이 들기 시작했다. 그래서 필자가 직접 리뷰들을 하나하나 읽어보기 시작했다.

다행히 긍정적인 리뷰를 달아주신 분들 덕분에 힘을 얻기도 했음을 밝혀두고 싶다. 그리고 부정적인 리뷰들도 어느 정도 '패턴'이 있다는 사실을 알게 되었다. 부정적인 리뷰는 크게 두 가지였는데, 하나는 '책 속에 독서법이 없다'는 것이었고 다른 하나는 '교육을 팔기 위해 쓴 책'이라는 것이었다. 결국 두 가지 모두 본인들이 기대했던 독서법이 들어 있지 않았다는 데서 기인한 것이었다. 반응은 안타까웠지만, 다시 한 번 패턴리딩과 같은 혁신적인 독서학습법이 이 사회에 꼭 필요하다는 생각을 굳게 가질 수 있었다.

우리의 두뇌는 의외로 많은 것들을 담고 있다. 하지만 내 머릿속에 무엇이 들어 있는지 완벽하게 알거나 기억하는 사람은 없을 것이다. 그렇다 해도 어떠한 사실을 인지하는 데는 큰 문제가 되지 않는다. 패턴리딩은 바로 이러한 인지능력을 향상시키는 최신의 인지과학이자, 최선의 훈련기법이며, 지식의 성공기법이다.

패턴리딩 교육 과정에는 버전(version)이 존재한다. 이유는 교육 자체가 똑같이 반복되지 않고 변화와 발전을 거듭하기 때문이다. 이 책의 개정판이 필요했던 것도 그 때문이다. 이렇게 버전이 업데이트될 수 있었던 가장 큰 이유는 패턴리딩은 곧 훈련기법이기 때문이다. 이 훈련기법을 많은 사람들이 적용시켜보고 그것을 데이터로 제공해주었기 때문에, 업데이트될 수 있었다.

패턴리딩은 조사 기반을 가진 국내 유일의 지식학습 체계라고 할 수 있다. 패턴을 많이 읽을수록, 더 나아가 남들이 보지 못하는 패턴을 빠른 시간 내에 많이 읽을수록 우리는 성공할 가능성이 높다. 패턴리딩을 지식의 성공기법이라 말할 수 있는 이유다.

필자는 지금도 모든 사람이 패턴리딩을 완벽하게 익힐 수 있다고 믿는다. 이 점은 필자뿐 아니라 40여 분의 인증 강사님들도 동의하는 부분이다. 우리의 능력은 놀라울 정도로 잠재적인 역량을 많이 갖고 있고, 패턴리딩처럼 잘 설계되고 잘 검증된 훈련기법으로 훈련한다면 일정한 기간 내에 누구나 놀라울 정도의 독서능력을 가질 수가 있다. 하지만 '일정한 기간'이라는 게 정확하게 떨어지는 것은 아니다. 약 5년간 관찰한 결과, 짧게는 하루에서 길게는 9개월 정도의 편차를 보이는 것으로 확인되었다. 대체로는 1개월에서 4개월 사이에서 독서능력이 향상된다. 그런 점에서 볼 때 사람마다 훈련 기간만큼은 달라진다고 볼 수 있고, 교육 참가자들에게도 넉넉하게 6개월 정도 훈련을 해주기를 요청한다.

이 책을 통해 완벽함을 기대하기보다, 지속적인 노력을 기울인다면 생각보다 빨리 탁월한 성과를 얻으리라는 확신이 있다. 그 누구보다 자신의 독서법을 바로잡기를 원하고 변화를 꿈꾸는 열의가 있는 독자라면, 이 책은 분명 탁월한 개선 효과를 가져올 것이다. 생각해보라. 독서가 인생을 바꾼다는 것을 믿는다면, 6개월은 인생에서 정말 짧은 시간이지 않는가!

끝으로 이 책을 내는 데 도움을 준 출판사 관계자 분들에게 감사드린다. 벌써 8번째 책이 되지만, 책을 쓰면서 받은 스트레스는 이전의 것과는 비교하기 힘들 정도였다. 그러다 보니 (주)크레벤아카데미의 여러 매니저들의 도움과 아내의 헌신이 없었다면, 이 책이 제대로 나올 수 있었을까 하는 생각이 든다. 한 권의 책이 제대로 마무리되기 위해서는 저자 외에도 많은 사람의 노력이 필요하다는 사실을 다시 한 번 깨달을 수 있었다. 정말이지 이 책은 백기락 한 사람의 책이 아니라, 수많은 사람들의 도움을 통해 나올 수 있었다는 것을 독자들에게 꼭 알려주고 싶다.

백기락

서장

|

실용독서의 새로운 패러다임

독서법을 배우기 전에 우선 '독서(讀書)'에 대한 정의를 짚고 넘어
갈 필요가 있다. 물론 '독서'라는 단어 하나를 두고 현학적으로 장
황하게 풀이할 생각은 없다. 그런 것이라면 이 책이 아니더라도 기
존에 나와 있는 많은 독서(법) 관련 서적들이 충분히 풀이해주고 있
으니 말이다.

독서란 '책'이라는 도구를 사용하는 기술이다. 여기서 주목해주
길 바라는 부분은 '읽는' 기술이 아닌, '사용하는' 기술이라는 표
현이다. 독서는 단순히 책을 읽는 방법만을 배우는 것이 아니다. 독
서를 흔히 '읽기'와 동일시하지만, 독서는 '읽기'의 특별한 형태
중 하나이며, 읽기는 '보기'의 특별한 형태 중 하나임을 인식할 필
요가 있다. 독서는 굉장히 세부적인 '보기/읽기' 중 하나인 것이다.

지금까지 많은 독서법들이 책을 '읽는' 방법만을 가르쳐왔다. 물

론 나름대로 성과를 거둔 독서법이 적지 않았던 것도 사실이다. 하지만 필자가 수천 명의 사람들을 만나고 강의하고 독서법을 토론하는 과정에서 발견한 놀라운 사실은, '읽기'보다 포괄적인 개념인 '사용'의 개념부터가 잘못되어도 너무 잘못되어 있다는 점이다. 그러다 보니 사람들 대다수가 독서법을 경험해보지도 않고 자신의 독서법에 문제가 있다는 섣부른 판단을 내리고는 선뜻 낯선 독서법을 배우는 과감함을 보인다. 독서법을 전파하는 이들 역시 자신의 서투른 독서법을 마치 만병통치약처럼 모든 이들에게 강제하는 무모함을 보인다. 오늘날 독서법에 대한 이해를 어렵게 하고 잘못된 독서법이 성행하고 있는 이유는 그 때문이다.

따라서 이 책은 책이라는 도구를 '사용하는' 기술 속에 '읽는' 기술을 담아보고자 한다. 이 책에서 이야기하는 독서법은 '책을 사용하는 방법'이다.

우리는 왜 독서를 하는가

혹시 독서의 목적에 대해 생각해본 적이 있는가. 금세 머릿속에 떠오르는 것이 있는가. 시험을 잘 보기 위해서? 물론 그런 답변을 듣기 위해 던진 질문은 아니다. 아마 답변이 군색할 것이다. 우리가 평소 별 생각 없이 책을 읽기 때문이다.

고대 문명에서 문자의 유무는 그 문명의 수준을 판가름하는 아주 중요한 기준이다. 그 이유는 문자를 통하지 않으면 지식과 경험이 후대에 전달되지 않기 때문이다. "말로 전하면 되지 않는가" 하고 반문할지도 모르지만, 당신이 하는 일의 10%만이라도 제3자에게 말로 설명해보라. 눈앞에 있으면 다행이지만, 그 사람이 당신과 일거수일투족을 함께할 수도 없는 노릇이고, 운이 나빠 실컷 가르친 사람이 요절이라도 하면(고대에는 이런 일이 비일비재했다) 다시 기나긴 과정을 반복해야 한다. 아무래도 효율성이나 안전성을 기대하기엔 애초부터 힘든 것이다.

우리는 글을 통해 지식을 전달하고 배운다. 특히 책은 특정 주제에 대해 일관된 서술을 해놓은 탁월한 결과물이다. 따라서 책을 읽는다는 것은 저자가 갖고 있는 지식을 나름대로 체계적으로 습득하는 과정인 셈이다. 이처럼 독서의 첫 번째 목적은 지식을 습득하기 위해서다.

그런데 독서는 지식을 불러내기 위해서도 한다. 이것이 무슨 말일까. 간단한 실험을 해보자. 먼저 새 A4용지를 책상 위에 놓자. 기왕이면 책상은 필기구와 종이 외에는 아무것도 없도록 깔끔하게 정리해두는 게 좋다. 그다음, 제일 좋아하는 펜을 들고 심호흡을 한다. 새 A4용지를 눈앞에 두고, 적을 준비를 한다.

"지금부터 당신이 알고 있는 모든 지식을 쓰시오!"

어떤가. 꽉 막히지 않는가. "뭐 이런 실험이 다 있느냐"고 반문하겠지만, 사실 당신의 머릿속에는 이미 백과사전 수십, 수백 권 분량에 해당하는 정보가 빼곡히 들어 있다. 우리가 사용하는 백과사전에는 절대 실리지 않을 당신 개인의 이야기와 가족사 그리고 각종 이미지까지 빼곡하게 들어 있다. 그런데 당신은 그런 정보들이 들어 있다는 것을 그냥 알기만 할 뿐, 어떤 형태로 들어 있는지, 또 제대로 들어 있는지는 전혀 확인할 길이 없다. 확인하기 위한 방법은 단 하나, 어떤 정보를 다시 집어넣는 수밖에 없다.

정보를 불러낸다는 것은 '불러내어 재정리한다'는 의미도 포함된다. 우리는 독서를 통해 우리 머릿속에 있는 정보를 확인하고 수정하고 재정리한다. 그런 과정을 통해 기존의 정보는 더욱 강화되고, 새로운 정보와 결합하여 더 나은 상황에 사용할 수 있도록 준비된다. 따라서 당신이 다양한 독서를 할수록 당신의 머릿속에 들어 있는 정보가 얼마나 다양한지 알 수 있다. 책을 읽는 과정에서 방금 읽은 내용이 최소한 '아는' 내용인지 아닌지 정도는 파악할 수 있기 때문이다.

마지막으로 우리는 독서를 통해 기존의 정보를 오래 기억할 수 있다. 반복 입력된 정보는 점점 강화되어 쉽게 지워지지 않는다. 기억력을 강화하는 방법은 여러 가지가 있지만, '반복'이라는 과정은 모든 기억력 강화 과정에서 빼놓을 수 없는 기본적인 기술이다. 책이 다르다 할지라도 상당량의 정보는 당신이 가지고 있는 정보와 일치할 수 있다. 그 경우, 아는 내용이라고 읽기를 그만둘 수도 있겠지만, 수험생이라면 자신의 기억을 한 번 더 강화하는 차원에서 멈추지 않고 읽기를 계속할 수 있다.

우리는 왜 독서를 잘하지 못하는가

우리가 독서를 잘하지 못하는 이유는 한마디로 말해 독서법을 제대로 배운 적이 없기 때문이다. 단 한 번도! 20년 전부터 보급되었다는 속독법을 배운 사람이 전체 인구의 1%나 될까. 아무튼 적어도 99%의 사람들은 독서법을 전혀 배운 적이 없다. 스스로 익힌 적도, 학교 같은 데서 누가 가르쳐준 적도 없다. 그러니 독서를 잘하는 사람이 드물 수밖에 없고, 독서를 어렵게 느끼는 것도 전혀 이상한 일이 아니다. 그럼에도 '누구나 독서를 잘할 수 있다'고 많은 사람들이 믿는다. 무언가를 '그냥' 잘하는 것은 전혀 자연스럽지 않다. 오히려 어떤 훈련, 어떤 교육을 통해 잘하게 되는 것이 정상이다.

지금 우리가 알고 있는 것은 '책을 읽는 법'이 아니라 '한글을 읽는 법'이다. 자동차 운전으로 치면, 운전면허증을 따기 위해 기능만 배웠지, 정작 도로에서 차를 운전하기 위해 배운 적은 없는 것과 같다. 그래도 그 정도라면 지금처럼 책 읽기가 두렵지는 않을 것이다. 괜찮아 보이는 독서법을 골라 배우면 그만이니까. 문제는 우리가 웬만한 독서법을 배워도 제대로 익히지 못한다는 사실이다. 너무나 오랫동안 잘못된 독서법으로 책을 읽어서 잘못된 습관이 굳어진 탓이다. 독서법 교육을 하다 보면 자신이 음독(音讀)을 한다는 사실을 모르고, 그 때문에 책 읽는 속도가 느려지고 있다는 사실조차 느끼지 못하는 이들이 많다. 그런 잘못된 습관을 깨지 않는 한 그 어떤 독서법도 제대로 익힐 수가 없다.

우리는 책에 대해, 독서법에 대해 잘못 알고 있는 지식들이 너무나 많다. 필자는 "속독을 해야 하나요, 정독을 해야 하나요"라는 질문을 받곤 한다. 음…, 솔직히 그럴 때면 기가 막힌다. 아니 '책을 빨리 읽어야 하나요, 제대로 읽어야 하나요'를 묻다니…. 당연히 책은 빨리 읽을 수 있다면 빨리 읽어야 하고, 그 과정에서 반드시 제대로 읽어야 하는 게 아니던가. 책을 제대로 읽지 못하면서 속도를 높여 본들 무슨 소용이 있겠는가. 그런데도 우리는 그것을 '선택'의 대상이라고 생각하는 것이다. 안타까운 일이다.

효율적 독서와 비효율적 독서

효율성을 논하려면 먼저 효율성을 결정짓는 요인이 무엇인지를 알아야 한다. 이는 기업에서 얘기하는 생산성과도 비슷한 개념인데, 쉽게 설명하자면 똑같은 투자를 했을 때 더 나은 결과를 내거나 같은 결과물을 얻기 위해 더 적은 투자를 한다면 우리는 '효율적이다'

또는 '생산성이 높다'라고 표현한다. 이 개념을 독서에 적용해보면 효율적인 독서와 비효율적인 독서가 어느 정도 구분된다.

독서를 하려면 몇 가지 투자 요소가 필요하다. 먼저 시간이 필요하고, 책값이 필요하다. 시간과 비용은 대부분의 일에 있어서도 가장 중요한 생산성 측정 요소다. 즉 같은 결과를 얻는다고 가정했을 때(독서의 결과를 측정하는 건 거의 불가능하지만) 시간과 비용을 낮출 수 있다면 효율적인 독서가 될 것이고, 똑같은 시간과 비용을 투자했을 때 더 많은 결과물(대부분은 더 많은 양을 읽는 것)을 얻는다면 그것 또한 효율적인 독서라고 말할 것이다.

효율적인 독서와 비효율적인 독서를 비교 정리하면 다음과 같다. 먼저, 비효율적인 독서는 천천히 읽는 것이다. 옳고 그름을 떠나 천천히 읽는 것은 이익이 없다. 눈 운동이 불규칙적이어서 독해가 정상적으로 안 된다. 우리는 흔히 한 단어씩 읽어나가는데 그렇게 하면 효율적이지 않다. 한 단어보다는 두 단어, 두 단어보다는 세 단어, 나아가 문장, 문단 단위로 확대해서 봐야 한다.

목적 없이 읽는 것도 비효율적인 독서의 원인이다. 읽는 것을 모두 믿어버리는 것도 비효율적인 독서를 낳는다. 비슷비슷한 내용의 글들만 읽는 것, 자신이 싫어하는 글들을 읽는 것도 비효율적인 방법이다. 배경지식 없이 읽는 것도 독서의 효율성을 떨어뜨린다.

그렇다면 효율적인 독서를 하려면 어떻게 해야 할까. 먼저 의식을 눈동자에 집중해서 리드미컬하게 읽어야 한다. 또한 목적을 가지고 읽어야 하는데, 그러려면 단어 단위가 아니라 사상 단위로 읽어야 한다. 사상 단위로 읽는다는 것은 키워드와 이미지를 뽑아내서 읽는 것을 말한다. 그리고 자신이 좋아하는 것을 읽어야 효율적인 독서를 할 수 있다. 또 다양한 종류의 책을 읽어서 배경지식을 쌓으면 효율적인 독서를 할 수 있다.

효율적으로 독서하는 방법 중 하나인 속독법은 미국 공군 조종사들에 의해 시작된 '스피드 리딩'에 기원한다.* 세계대전을 치르면서, 먼 거리에 있는 비행기가 아군기인지, 적기인지 재빨리 구별해내는 것이 중요한 문제로 대두했고, 미 공군은 이를 해결하기 위한 방편 중 하나로 속독 훈련을 도입했다. 이것이 일본을 거쳐 한국에 들어온 것이다.

속독법에 관해 간단히 살펴보면 다음과 같다. 첫째 속독법의 주요 골격은 스키마(schema)다. 스키마는 책의 전체적인 틀을 그리는 것이다. 예를 들어 《아침 30분》이라는 책을 읽는다면, 자신이 가지고 있는 지식과 경험을 바탕으로 '아, 이 책은 대충 어떤 내용이겠구나' 하고 짐작해서 전체적인 틀을 마련하는 것이다. 그렇게 책을 본격적으로 읽기 전에 전체적인 틀을 파악하는 것을 스키마라고 한다.

---

* 속독법의 기원에 대해서는 여러 가지 주장이 있다. 어느 주장이 맞는가는 속독을 어떻게 정의하는가에 달려 있다. 여기서는 일정한 이론적 토대를 바탕으로 체계적이면서도 검증된 훈련기법을 포함하는 데 초점을 맞추었다.

둘째는 스키밍(skimming)이다. 스키밍은 예를 들어 우유에서 지방과 단백질을 분리하는 것이다. 우유에서 단백질을 얻고자 한다면 지방을 걸러내고 단백질만을 취하는 것처럼, 책에서도 필요한 정보만 취사선택하는 것을 스키밍이라고 한다. 즉, 책을 처음부터 끝까지 다 보겠다는 욕심을 버리고, 책을 읽으려고 하는 목적에 부합하는 정보만을 가져가는 것이다.

셋째는 스캐닝(scanning)이다. 스캐닝은 스키밍과 다르면서도 상호 보완적인 개념이다. 스캐닝은 그냥 쭉 훑어보는 것을 말한다. 그런데 스캐닝은 스키밍처럼 책을 쭉 훑어보다가 중간에 딱 멈추게 되는 부분, 눈에 띄는 부분만을 집중적으로 보는 것을 말한다.

이러한 속독법의 주요 골격들이 패턴리딩의 여러 개념에 반영되어 활용되고 있다.

독서경영에 앞서 우리가 알아야 할 것

요즘 기업들 사이에서는 '독서경영'이 화두다. 기업들은 독서경영을 통해 핵심 지식을 확보하고 직원들의 업무 생산성을 극대화하기 위해 엄청난 열정을 갖고 독서경영을 펼치고 있다. 지식사회에서 지식을 확보하는 일이 무엇보다도 중요하다는 점을 생각하면, 기업에서 독서를 강조하고 강화하는 현상은 앞으로도 오랫동안 유행할 것으로 보인다. 문제는 독서경영의 핵심인 '독서'에 문제가 있다는 사실을 아무도 인지하지 못하고 있다는 점이다.

대한민국 성인 대부분이 독서법 자체를 배우지 못했다. 그러다 보니 독서경영은 날로 전파되는데, 독서의 기본인 읽기 기술은 여전히 훈련되지 않은 상태다. 그런 상황에서 독서능력의 편차가 심한 직원들에게 지금까지 해온 '혼자 읽기'가 아닌 '함께 읽기'를 동원해 독서경영을 진행하고 있으니, 독서경영의 효과가 제대로 나타날 리가 없다. 게다가 CEO가 선택한 책을 무작정 나눠주고 직원들에게 읽고 독후감을 쓰게 하는 것만으로 독서경영을 했다고 생각하는 현실은 우리의 독서 수준이 어느 정도인지 보여준다.

따라서 독서경영을 실행하려는 기업이 있다면 그 전에 먼저 제대로 된 독서법을 직원들이 익히도록 해야 한다. 직원들의 읽기 능력이 높아졌을 때 독서경영 역시 최적의 효과를 발휘하기 때문이다. 물론 독서 훈련을 선행했다고 해서 끝나는 것은 아니다. 독서경영은 집단이라는 특성 하에 운영되어야 하고, 기업마다 다른 조직문화나 인사제도, HRD 프로그램, 근무환경 등에 영향을 받게 마련이다. 따라서 독서경영은 다양한 형태로 진행될 수 있고, 그로 인해 성과 역시 달라질 수밖에 없다. 필자가 독서경영을 기법이 아닌 '컨설팅'으로 접근하는 이유도 그런 이유에서다. 기업들이 독서경영을 쉽고 간단히 도입해 구현할 수 있는 것으로 보는 경향이 있는데, 부디 그렇게 속단하지 않기를 바란다.

독서법과 속독법은 어떻게 다를까

독서와 관련해 시중에 나와 있는 여러 기법들을 살펴보면 두 기법을 혼용해서 쓰고 있음을 발견하게 된다. 그래서 두 개념은 같은 내용인데 다른 표현일 뿐이라고 이해하는 이들도 있고, 두 기법은 엄연히 다르다고 생각하는 이들도 있다. 필자의 판단으로는 후자가 좀더 정답에 가깝지 않나 싶다. 완벽히 다르다고 할 수는 없지만, 어느 정도 분명한 차이점은 존재한다고 말할 수 있다.

속독법은 대체로 '책'으로 대상을 제한하지 않는 개념이다. 속독법은 글자로 이루어진 어떤 문서 등을 '빠르게' 읽는 것을 목적으로 한다. '속독'이라는 명칭만 봐도 속독법에서 속도의 개념을 매우 중요시하는 것을 알 수 있다.

명칭에서 정확도를 언급하지 않다 보니 속독을 하면 정확도가 떨어질 것이라고 오해를 하는 경우도 많다. 참고로, 올바른 속독법이라면 속도가 높아지면서 발생하는 오류 가능성을 보정하는 기법을 포함하는 게 일반적이다. 따라서 속독은 정독을 전제로 하되 속도에 초점을 맞춰서 읽는 기법 정도로 이해하면 무리가 없다.

독서법은 말 그대로 책이라는 도구를 읽는 기법이다. 독서법에는 대부분 속독 기법이 들어 있는데, 최근에는 속도를 높이지 않지만 책을 잘 활용하는 측면에 초점을 맞춘 독서법도 많이 등장하고 있다. 책은 수천 년의 역사를 가지고 있는 도구이며, 동서양을 막론하고 형태가 어느 정도 정형화되어 있다. 따라서 독서법은 꽤 정교한 기법들을 포함하고 있으며, 책 외에는 적용하기 힘든 기법들도 꽤 많은 편이다.

책을 많이 읽으면 정말 시험을 잘 볼 수 있을까

결론부터 얘기하자면, 책을 많이 읽으면 시험 성적은 확실히 오른다. 다만, 현재 국내 초중고교 과정의 시험이라면, 독서에 투자하는 시간 대비 성적이 '반드시' 오른다는 보장은 할 수가 없다. 책을 많이 읽어서 시험을 잘 치는 경우도 많지만, 책을 많이 읽지 않아도 시험 성적을 높이는 기법이 훨씬 더 많기 때문이다.

따라서 단지 시험을 잘 보기 위해서 방대한 독서를 하려 한다면 필자 역시 말릴 것이다. 당장 중간고사, 기말고사를 잘 보는 데에는 별로 도움이 되지 않을 테니 말이다.

하지만 수년 이상 독서를 꾸준히 해왔다면 분명 성적 향상에 도움이 된다고 할 수 있다. 책을 읽는다는 것은 정보를 정확하게 이해하고, 충분한 지식을 쌓으며, 다양한 정보를 필요에 따라 활용하는 능력을 갖추는 것과 같기 때문이다. 따라서 오랜 시간 동안 다양한 정보를 책으로 접한 학생이라면 시험에서 좀더 유리할 수밖에 없는 것은 당연한 결과라 할 수 있다. 문제는 독서로 실제 효과를 제대로 보려면 수년 이상(아마도 최소 3년 이상)을 투자해야 한다는 사실이다. 그 때문에 지금도 여전히 대부분의 사람들은 '시험공부를 하느라' '취업준비를 하느라' '바빠서' 책을 읽지 않는다.

인생의 전환점을 제공하는 책 읽기

1995년 미국의 한 언론인이 노숙자, 빈민, 죄수 등 사회소외계층을 대상으로 정규대학 수준의 인문학 강좌인 클레멘트 코스를 개설했다. 수강생들은 코스를 이수하며 강좌를 듣고 예술을 접하고 책을 읽으면서 자존감을 회복했고 수료자 다수가 취업하거나 정규 대학에 진학하는 등 '기적'이 일어났다.

클레멘트 코스는 사회소외계층에게 물질적인 지원뿐 아니라 정신적인 지원이 필요하다는 사실을 입증하며 큰 성공을 거두었고, 비슷한 인문학 교육 과정이 전 세계로 퍼져나갔다. 한국에서도 2005년 성공회대 주도로 성 프란시스 인문학 강좌가 개설된 이래, 그와 취지를 같이하는 한국형 클레멘트 코스가 확산되고 있다. 이들 인문학 강좌를 수료한 노숙자들이 일자리를 얻어 화제가 되기도 했다.

사회소외계층을 대상으로 한 인문학 강좌의 성공에서 엿볼 수 있듯이,

책이라는 것은 스트레스의 대상이 아니라 스트레스를 풀어주는 중요한 역할을 한다는 것을 알아야 한다. 독서가 상상력을 키워준다는 것은 이미 입증된 사실이다. 심지어 다른 어떤 게임을 하는 것보다 치매를 예방해준다는 연구도 있다. 하지만 무엇보다 인생의 기로에 섰을 때나 중요한 결정을 내려야 할 때, 그동안 책 읽기를 통해 습득한 지식과 지혜는 조타수의 역할을 해줄 수 있다.

읽은 책이 한 권이면 한 권의 이익이 있고,
하루 종일 글을 읽었다면 하루의 이익이 있다.
− 과문철 −

Part **1**

패턴리딩이란
무엇인가

현대는 멀티미디어 사회다. 방송과 인터넷을 중심으로 동영상을 통해 많은 정보가 제공되고 있다. 뮤직 비디오만 하더라도 유튜브에서 단일 비디오 클립을 2억 명이 넘는 글로벌 네티즌이 시청하는 사례가 생기는 등, 동영상의 위력은 해가 갈수록 커지고 있다. 그러다 보니 이제 독서는 낡은 정보 획득 수단이라고 말하는 사람들도 적지 않은 것이 사실이다.

전통적인 형태의 책도 그 수명이 얼마 남지 않았다는 전망이 나오고 있다. 킨들과 아이패드를 필두로 한 전자책 단말기들이 크게 각광을 받으면서 전자책 시장이 급속도로 커지고 있다. 아마존닷컴에서는 이미 전자책(e-book) 판매량이 하드커버 책 판매량을 추월한 상태다. 따라서 앞으로 종이책이 구시대의 유물이 될지 모른다는 생각이 드는 것도 무리는 아니다.

이쯤에서 이 시대 최고의 IT 리더 두 명의 견해를 한번 살펴보도록 하자.

안철수연구소 이사회 의장 겸 한국과학기술원 석좌교수인 안철수는 소문난 독서광이다. 그는 사업과 일상생활에서 독서의 힘을 강조한다. 또한 한 분야의 기초를 닦기 위해서는 책만 한 것이 없다고 말한다. 그에 의하면 인터넷은 부차적인 것이다. 극단적으로 수줍음을 타는 안 의장은 책을 통한 간접경험을 선호한다고 한다. 아마추어 2단 수준의 바둑 고수인 그가 처음 바둑을 배울 때의 일화는 유명하다. 그는 의대 재학 시절에 바둑을 배우기 위해 기원 대신 서점을 찾았으며, 바둑 관련 책을 50여 권 탐독한 뒤에야 기원으로 갔다. 안 의장은 "책을 통해 세상에 접근하는 방법은 처음에는 느리지만 결국은 다른 사람보다 앞설 수 있다"며 독서의 유용함을 강조한다.

마이크로소프트 창업자인 빌 게이츠도 안철수 의장과 마찬가지다. 대학을 중퇴했지만 마이크로소프트로 엄청난 거부(巨富)가 된 빌 게이츠는 "내가 살던 마을의 작은 공립도서관이 오늘의 나를 만들었다"고 말한 바 있다. 게이츠도서관 건립에 2,000만 달러를 기부한 것 외에도 공립도서관 지원에 매년 거액을 기부하고 있다. 바쁜 일과에도 매일 한 시간씩, 주말에는 두세 시간씩 책을 읽는 독서광인 그는 "컴퓨터가 책을 대체할 것이라고 생각하지 않는다"라고 힘주어 말하기도 했다.

두 기업가의 경우에서 보듯이 인터넷이 일상이 된 오늘날에도 학습의 대부분은 독서를 통해 이루어지고, 새로운 정보의 취득도 독서에 의존한다. 일부에서는 인터넷의 발달로 인해 독서가 쇠퇴할 것이라고 하지만, 오히려 독서의 중요성이 더욱 강조되고 있다. 실제로 정보화 사회의 최전선에 있는 대표적인 두 사람의 사례는 독서의 힘이 얼마나 중요한지를 잘 보여주고 있다. 따라서 오늘날 무엇보다 시급한 일은 홍수처럼 쏟아지는 정보에 대비하여 비효율적인 기존 독서법을 대신하는 좀더 진화된 새로운 독서법을 찾는 것이다.

그렇다면 우리는 책 한 권을 읽는 데 어느 정도의 시간을 소비하고 있을까. 또한 겨우 책 한 권 읽을 뿐인데 심리적 부담을 느끼는 것은 무슨 까닭일까.

현대인들은 마음의 여유가 없기 때문에 책을 가까이하기 힘들다고 한다. 하루가 다르게 발전하는 기술은 사람들에게 생활의 편리함을 안겨주었지만, 한편으로는 더욱더 바빠지게 만들었다. 따라서 현대에 살면서 마음의 여유를 갖기란 그리 쉽지 않다. 그렇기 때문에 마음의 여유가 생기기를 기다리기보다는 현재의 상황에 맞게 독서 습관을 바꿔야 한다.

이제 '얼마나 많이 아는가' 만으로는 더 이상 치열한 경쟁사회에서 살아남을 수 없다. '어떻게, 얼마나 빨리 배우고 새로운 것을 만드는가' 에 생존과 성공의 여부가 달려 있다.

일본인들은 지하철, 기차, 버스, 공원 등 어디서든 틈만 나면 책을 읽는다. 사람들이 책이나 신문, 잡지, 만화를 읽는 모습은 일본의 대표적인 풍경 중 하나로 여겨질 정도다. 성인들만이 아니라 어린이들도 책을 즐겨 읽는다. 일본 문부과학성에서 발표한 조사 결과를 보면, 일본 초등학생 1인당 연간 도서관 대출 건수가 35.9권에 이른다. 초등학생이 도서관에서 빌려 읽은 책만 열흘에 한 권꼴이라는 것이다.

그런데 일본은 굉장히 일찍부터 책 읽는 습관이 정착되었다. 나쓰메 소세키의 청춘소설 《산시로》(1908)를 보면, 이미 100여 년 전에 기차에서 책과 신문을 읽는 모습이 보편화되었음을 알 수 있다. 나가미네 시게토시의 저서 《독서국민의 탄생》에 따르면, 일본 국민은 메이지시대(1868~1912)에 이미 독서국민, 즉 '신문, 잡지, 소설 등 활자 미디어를 일상적으로 읽는 습관이 몸에 밴 사람'이 되었다고 한다. 이렇게 일찍부터 독서습관이 정착된 결과 일본은 출판 왕국, 독서 강국이 될 수 있었다. 이것은 또한 일본이 아시아에서 가장 먼저 선진국으로 발돋움한 원동력으로 평가받는다.

반면 한국은 여전히 독서습관이 미흡하다. 통계청의 〈2009년 사회조사〉 결과에 따르면, 한국 성인들의 연평균 독서량은 10.9권으로 2년째 소폭 감소세를 보였으며, 10년 넘게 거의 제자리걸음을 하고 있다. 일본 성인의 연평균 독서량 20.4권(2008년 조사치)과 비교하면 저조한 결과다. 1년간 책을 한 권 이상 읽은 인구 비율인 독서율 역시 성인은 71.7%로 소폭 하락했다. 성인 10명 중 3명은 1년 동안 한 권의 책도 읽지 않는다는 이야기다. 또한 성인의 여가 활용에서 책이 차지하는 위상은 각종 다른 오락거리에 밀려 7위에 그치고 있다.

이런 조사 결과는 한국 독서문화의 현주소를 보여주는 데 그치지 않는다. 미흡한 독서문화는 국가경쟁력 면에서 우려할 만한 일이다. 굳이 독서량을 국가경쟁력과 결부시키는 이유는 무엇일까. 이는 미래학자 앨빈 토플러가 21세기의 '지식 전쟁'이 시작되었다고 선언하고 토니 블레어, 토머스 프리드먼 등 저명인사들이 시대의 화두로 '지식'을 꼽은 것과 관계가 있다. 21세기가 지식정보화 시대라는 것은 누구도 부인할 수 없다. 지식을 습득하는 가장 일반적인 방법이 독서임을 감안한다면, 독서량은 한 국가의 지식수준을 결정한다고 해도 과언이 아닐 것이다. 하물며 '기업의 지식수준 비교'라는 측면에서 보면 너무나 당연한 것이다.

세계의 우량 기업들은 수년 전부터 핵심인재 확보를 주요 경영전략으로 삼고 있다. 특히 최근에는 우수한 인재를 확보하기 위한 회사 간의 경쟁이 치열한 전쟁 상황을 방불케 한다. 일본 굴지의 그룹 소니의 이데이 노부유키 전 회장은 자신의 인재선발 원칙은 '학력(學歷)'이 아닌 '학력(學力)'임을 강조했다. 학력(學力), 즉 '지식습득 능력'이야말로 21세기를 이끌어갈 핵심 경쟁력이라는 것이다.

지식사회를 내다본 경영학자 피터 드러커는 저서 《자본주의 이후의 사회》에서 "부존자원 없는 후진국엔 지식이 가장 중요한 생산요소"라며 자신의 주장을 가장 극명하게 증명해준 대표적인 국가로 한국을 지목한 바 있다. 하지만 몇 년 전 〈뉴스위크〉지는 글로벌 리더

100명을 대상으로 '가장 위협적인 아시아 지식경제 국가는 어디인가'를 물은 설문조사 결과를 보도했는데, 인도가 1위, 중국이 2위였으며 유감스럽게도 한국은 거명된 주요 5개국 중 꼴찌였다. 이에 앨빈 토플러는 "한국의 산업은 제3의 물결인 정보화 시대에 있는데, 교육은 산업화 시대에 머물러 있다"며 가장 혁명적인 변화가 필요한 분야는 교육이라고 충고했다.

교육의 기본은 바로 독서이다. 그러나 오늘날 한국의 성인들은 웬만한 수준의 인문교양서 한 권 읽는 것도 어려워하는 것이 현실이다. 정보기술(IT), 생명공학기술(BT) 강국이라는 한국은 부끄럽게도 지식국력의 위기에 빠져 있다. 여기서 하루빨리 벗어날 대책 마련이 시급한 현실이다.

1,000권에서 1,800권의 책을 읽으면 장르의 경계가 사라지고 전문서적 1,000권을 읽으면 해당 분야에서 최고 전문가로 불릴 수 있다고 한다. 변화는 습관화가 어려울 뿐, 가속도가 붙으면 이후로는 순풍에 돛단배 가듯 큰 어려움이 없다. 그러기 위해서는 무엇보다 자신의 현재 처지에서 책을 많이 읽는 것이 불가능하다는 생각을 버려야 한다.

지금까지 살펴본 것처럼 우리의 독서 현실은 참담한 수준이다. 패턴리딩은 좀더 효율적이고 창의적인, 차원 높은 독서법으로 지금의 현실을 타개할 수 있는 방법의 하나가 되고자 한다.

01

패턴리딩이란

패턴은 일반적으로 수많은 의미를 갖는다. 일정한 기준에 의해 나타나는 일련의 반복되는 공통성으로 패턴을 볼 수도 있고, 그러한 공통성 속에서 유일하게 공통되지 않는 것이 있다면 그것 또한 패턴으로 해석할 수 있다.

패턴리딩에서는 그와 같은 광의적 해석이 아닌, 책에 한정한 협의적 해석인 '책 읽기를 통해 찾을 수 있는 일련의 사고 흐름'으로 패턴을 정의한다.

다시 말해, 패턴리딩(Pattern Reading)이란 책이나 사물, 사고를 구성하는 형태, 즉 사고의 뼈대(패턴)를 이해함으로써 정보의 습득 속도를 높이고, 이를 통해 창의력과 직관력 개발을 도와주는 일종의 학습법이다.

새로운 독서법

패턴리딩은 단편적인 것(fact)을 먼저 보지 않고 전체적인 흐름, 즉 패턴을 우선적으로 파악한 후, 나머지 단편 정보를 배열하면서 읽는 기술이다.

소개팅에 나간 남녀의 차이를 조사한 재미있는 실험이 있었다. 그 실험에 따르면 남성은 여성의 눈이나 코, 입, 손 등 특정 부위를 보는 반면에 여성은 남성을 단숨에 머리부터 발끝까지 전체적으로 파악하는 놀라운 능력을 보인다고 한다. 패턴리딩은 바로 이런 여성의 시선과 유사한 것이다. 비행기, 전자레인지, 마우스 등에 핵심적으로 쓰인 기술들은 그 제품들이 생산되기 전에는 가치가 없었지만, 그 제품들이 생산되고 나서야 빛을 보기 시작했다. 이렇듯 사실 자체보다는 전체적인 틀을 잡는 것이 성공의 열쇠이며, 패턴리딩은 이 열쇠를 찾는 방법이다.

책은 인류가 문자를 발명한 이래로 아주 오랫동안 발전해온 도구이다. 그만큼 정교하고 효과적이다. 책의 구조는 우리가 특정한 지식을 습득하는 데 가장 효과적인 기능을 하도록 구성되어 있다. 적어도 책의 체계는 지식을 습득하는 데 있어서는 그 효과가 탁월하다. 이런 구조적 장단점을 분석해 '효과적인 책 읽기' 혹은 '선택적인 책 읽기'를 제안하고, 읽는 속도와 이해하는 속도를 높여주는 독서법들이 개발되어왔다.

그러나 패턴리딩은 기존의 독서법처럼 단순히 빨리 읽는 것만을 목적으로 하지 않는다. 빨리 읽는 것은 물론, 제대로 이해하고 오래 기억하며 다양하게 활용하는 것을 목적으로 한다. 즉 속독, 정독, 다독, 혼독을 동시에 추구하는 새로운 독서법이다.

속독법과 패턴리딩의 차이

- 속독법: 안구 훈련 중심의 독서법, 선택적 독서법. 훈련 기간이 길고, 속도에 초점을 맞춘다.
- 패턴리딩: '읽기'가 아닌 '보기' 중심의 독서법으로서 인위적인 안구 운동이 필요하지 않다. 본문 전체를 읽고 이해하는 능력을 강화함에도 불구하고, 속도나 이해력이 뒤처지지 않는다. 무엇보다 훈련 기간이 짧고, 집중 훈련 과정을 거치면 배운 그 자리에서 향상된 효과를 확인할 수가 있다.

직관력과 창의력을 강화하는 독서법

예전에는 직관력과 창의력이 삶에서 그다지 중요하지 않았다. 오히려 정직과 성실 같은 덕목들을 훨씬 중요하게 생각했다. 또한 예전에는 주어진 일이나 명령에 얼마나 원칙적으로 열심히 임하느냐가 그 사람의 능력이었지만 지금은 다르다. 더 이상 우리 사회는 구성원들에게 주어진 일만 묵묵히 할 것을 요구하지 않는다. 개개인이 좀더 효과적이고 능률적으로 스스로를 책임지고, 높은 직관력과 창의력을 발휘하도록 고무하고 있다.

오늘날 직관력과 창의력은 사회 모든 분야에 필요하다. 한마디로 직관력과 창의력의 차이가 개인의 능력 차이인 것이다.

다음은 소위 창의력이 자신의 밑천이라고 말하는 연예인들이 대중들에게 인기를 끌기 위해 어떤 노력을 하는지를 알 수 있는 사례들이다.

입담 좋기로 유명한 방송인 김제동은 잘 알려진 '책벌레'다. 그는 평소 독서를 습관화한 덕에 입담 실력이 향상되었으며, 이처럼 독서 습관이 바탕이 되었기에 남들보다 늦게 방송계에 진출했으면서도 큰 인기를 얻게 되었다고 한다. 스타급 방송인이 된 후에도 책을 손에서 놓지 않고 있는 그는 독서로 쌓은 지식을 바탕으로 자신의 이름을 건 '토크 콘서트'까지 열 정도다.

개그우먼 김미화는 일주일에 책 4권을 독파하는 소문난 독서광으로 잘 알려져 있다. 책 소개 프로그램 진행을 맡았을 때는 프로그램 관련 도서만 매주 2권 이상을 읽었을 정도였다 한다. 그녀가 시사 프로그램 진행자나 DJ로까지 영역을 확장하며 롱런할 수 있었던 것은 독서습관 덕이라 해도 과언이 아니다.

인기 연애 카운슬러이자 팝 칼럼니스트인 김태훈은 파격적이고 직설적인 연애 상담으로 큰 인기를 모으고 있다. 생방송 라디오 프로그램에서 그가 빛을 발할 수 있는 비결 또한 독서라고 한다. 영문학을 전공한 아버지의 영향으로 초등학교 때부터 책을 접하게 됐다는 그는 예술작품 속의 다양한 일화와 인용구를 활용해 조언의 깊이를 더한다.

개그맨 지상렬은 화려한 입담과 상식이 풍부한 만능 엔터테이너다. 보이는 이미지와 달리 그 역시 독서 애호가이다. 그는 자신이 독서광으로 불릴 만큼은 아니지만 책을 열심히 읽어왔으며, 독서는 다양한 활동의 원동력이라고 이야기한 바 있다. 또한 "독서는 찌꺼기를 없애기 위한 뇌 청소"라고 말하기도 했다.

탤런트 한여운은 상당한 독서가다. 1년에 100여 권의 책을 읽는 것으로 알려진 그녀는 차에 늘 서너 권의 책을 두고 이동 중이든, 촬영장에서든 틈날 때마다 읽는다고 한다. 베스트셀러는 꼭 읽는 편이고 철학, 소설, 에세이 등 다양한 분야의 책을 두루 읽는다며, 이런 다양한 책 읽기가 연기에도 큰 도움이 된다고 이야기한다.

영화배우 한석규 역시 월 30~40권의 독서를 하는 다독가다. 그의 남다른 연기는 많은 독서량이 뒷받침된 결과라는 데 이견이 없을 정도이다.

오늘날 눈코 뜰 새 없이 바쁜 현대인들에게 독서는 손쉽게 직관력과 창의력을 기를 수 있는 가장 확실한 방법이다. 패턴리딩은 이러한 직관력과 창의력을 한층 높여주는 독서법으로서 가치가 있다.

거시적 관점을 기르는 독서법

누구나 숨은그림찾기를 해보았을 것이다. 비슷한 모양, 색깔 속에 숨어 있는 그림들을 찾아가다 보면 어느 순간부터 도저히 답을 찾을 수 없는 경우가 생긴다. 정신을 더욱 집중하기 위해 눈을 크게 뜨고 그림을 가까이 당겨서 찾아보지만, 정답이 어디에 숨어 있는지 오리무중이다. 이때 그곳에서 잠시 시선을 떼고 숨을 크게 한 번 들이마신 후, 다시 편안한 마음으로 그림을 쳐다보라. 아마도 그렇게 자신이 찾으려던 숨은 그림들이 속속 나타나는 경험을 할 수 있을 것이다.

책은 읽었는데 막상 책의 내용에 대해 얘기하려고 하면 막막해하는 사람들이 있다. 이런 사람들은 부분부분 읽을 때는 충분히 이해한 것 같았는데, 전체적으로 무슨 내용인지를 물어보면 어쩔 줄 몰라 한다. 또 아무리 공부를 열심히 해도 성적이 오르지 않는 학생들이 있다. 밤을 새워 교과서와 참고서를 읽고 또 읽어도 시험만 봤다 하면 고개를 떨군다. 반면에 누가 봐도 공부를 그다지 열심히 하는 것 같지 않은데 성적은 늘 우수한 학생들이 있다.

이러한 차이는 어디에서 오는 것일까. 그것은 패턴을 파악하느냐 못하느냐에 기인한다. 전체적인 흐름을 깨닫지 못하면, 마치 나무만 바라보고 숲을 바라보지 못하는 것처럼, 책을 아무리 들여다봐도 그 안에 담긴 의도를 파악할 수가 없다.

패턴리딩은 책을 대할 때 세부적인 내용보다는 먼저 전체 구조를 파악할 것을 권한다. 그다음 좀더 구체적인 단계를 통해 책의 내용을 완전히 이해하도록 한다. 이것은 비단 책을 읽을 때만이 아니라 사람들과 관계를 맺을 때에도 적용된다. 나아가 거시적으로 사물을 바라보는 안목도 길러준다.

책을 읽는 것보다 더 나은 학습법이 있지 않을까

당연히 있다. 귀로 듣거나 멀티미디어를 활용하면 책을 읽는 것만큼이나 다양하고도 깊이 있는 학습이 가능하다. 문제는 효율성이다. 책은 그 어떤 정보전달 매체보다 깊이 있는 주제와 체계적인 논리를 갖고 있으며, 책을 읽는 것은 그 어떤 수단보다 빠르게, 많은 정보를 습득하게 한다. 게다가 책은 가장 흔한 학습 수단이기도 하다.

따라서 책을 읽는 것은 가장 기본적인 학습 수단이다. 책 읽기를 목적으로 세미나에 참석하거나 오디오 테이프나 영상물을 활용하면, 책으로 읽는 정보를 더욱 깊이 이해하고 오래 기억하며 다양하게 활용할 수 있게 된다.

요약본의 문제점: 커뮤니케이션의 특징

일반적으로 우리는 책의 내용을 전체의 7~10% 이내로 요약할 수 있다고 생각한다. 그래서 전문가들이 한 권의 책을 요약해서 서비스하면, 그 요약문을 읽는 것으로 독서를 대신하는 사람들이 무척 많다. 시간이 부족한 CEO나 전문직 종사자들이 이 방법을 무척 선호하는 것으로 알고 있다. 만약 한 권의 책에서 저자가 말하고자 하는 핵심만을 확보하는 게 목적이라면 나쁘지 않은 방식이다. 그러나 우리는 저자로부터 직접 설명을 듣지 않는 한, 책을 통해 받는 느낌이나 영향이 모두 다를 수밖에 없다.

평론가들이 같은 영화를 보거나 음악을 들은 후 정반대의 이야기를 늘 어놓는 경우가 있는데, 책의 경우도 마찬가지다. 커뮤니케이션에서 실제 글자가 차지하는 비중은 7%에 불과하며, 어조나 음성이 38%를, 표정이나 몸짓 등이 55% 정도를 차지한다. 글은 커뮤니케이션 요소 중 무려 93%가 빠져 있는 도구인 셈이다. 따라서 정교한 방법을 쓰지 않는 한, 저자의 생각을 완벽하게 이해하는 건 거의 불가능하다. 하물며 저자도 아닌 사람이 요약을 한다면 어떻겠는가.

한 권의 책에서 지식만 얻는 것이라면 그나마 문제가 덜할 수 있지만, 많은 사람들이 책을 통해 상상을 하거나 아이디어를 얻곤 한다. 결국, 제대로 된 독서법을 활용해 스스로 결론을 얻지 못한 독서는 반쪽짜리 독서도 되지 못할 수 있다.

패턴리딩의 원리

패턴리딩의 원리를 간단하게 정리하면 다음과 같다.

- 패러다임 전환: 잠재능력을 믿어라
- 독서능력 함양: 독서환경을 개선하라
- 읽기에서 보기로: 잘못된 독서법을 바꿔라
- 이해 속도 신장: 책과 언어의 구조를 파악하라
- 창의력 향상: 사고력과 직관력을 발휘하라

  결론: Pattern Reading = Physical Activity + Mental Activity (Game)

먼저 패턴리딩의 원리를 파악하고 있어야 좀더 확신을 가지고 패턴리딩을 익힐 수 있다. 위에 정리되어 있듯이 패턴리딩의 원리는 잠재능력을 믿는 새로운 패러다임을 받아들이고, 환경 개선을 통해 독서능력을 키우며, 읽기 위주의 독서법을 보기 위주의 독서법으로 바꾸고, 책과 언어의 구조를 파악함으로써 이해 속도를 높이며, 사고력과 직관력을 발휘해 창의력을 향상시키는 것이다.

이와 같은 패턴리딩의 다섯 가지 원리를 적용하면, 육체적인 활동성과 정신적인 활동성을 강화해 독서를 게임처럼 즐기면서 보다 효율적으로 할 수 있게 된다. 이제부터 다섯 가지 원리에 대해 좀더 구체적으로 살펴보기로 하자.

패러다임 전환: 잠재능력을 믿어라

잠재능력에 대해 본격적으로 이야기하기 전에 인간의 잠재능력의 실체에 대한 다소 충격적인 이야기를 하고자 한다. 다음은 과학적으로 입증이 된 이야기다.

조사에 의하면, 독수리는 시력이 6.0~9.0에 달하는데 1km 거리에서도 볍씨를 구분할 수 있다. 비단잉어는 어항 속에서는 최대 8cm, 강물에서는 최대 1.2m 거리의 사물을 구별할 수 있다. 사람의 눈(시력 1.0~2.0, 시야각 180도)은 500분의 1초로 초점 이동이 가능하다. 초점 정지 상태에서 영어 단어 3개(알파벳 18자)를 기준으로, 매초 1,500단어, 매분 9만 단어를 볼 수 있다. 이러한 사실에서 다음과 같은 가정과 결론을 내릴 수 있다.

- 가정: 책 한 권에 250~300쪽, 8~10만 단어라면
- 결론: 인간의 잠재능력으로는 책 한 권을 1분 만에 볼 수 있다.
- 권장: 패턴리딩은 분당 2만 단어, 과속읽기의 정점에서 4~5분에 책 한 권을 읽는 속도를 권장한다.

　빠르고 효과적인 독서법을 익히려면, 우선 독서에 관한 자신의 잠재능력을 믿어야 한다. 거의 모든 사람이 특별한 독서법이나 안구 훈련법을 거치지 않고도, 지금보다 훨씬 빠른 속도와 집중력을 발휘하면서 책을 읽고 그 내용을 이해할 수 있는 능력을 가지고 있다. 이 책의 2부에서는 스스로의 독서능력을 입증하는 기회를 갖게 될 것이다. 그럼에도 불구하고 자신의 능력을 불신하고, 나아가 효율적으로 개선하는 방법의 존재에 대해서도 회의적인 사람들이 많다. 이런 상황에서는 백약이 무효하다. 독서에 관한 자신의 능력을 믿는 것, 이것이 패턴리딩의 출발점이다.

　미국 서부 어느 마을에 앞을 볼 수 없는 한 소년이 있었다. 어느 날 마을 술집에서 울리는 피아노 소리에 빠져버린 소년은 술집에 있는 피아노의 건반을 도구 삼아 틈틈이 연습했다. 세월이 흘러 유명한 피아니스트가 순회공연 중 잠시 그 마을을 방문하게 되었다. 피아니스트는 한 술집에서 들려오는 너무나 완벽한 화음의 피아노 합주곡 소리에 자신도 모르게 발걸음을 옮겼다. 그는 그 술집에 들어서자마자 경악했다. 당연히 두 명이 화음을 맞추고 있을 것이라고

생각했는데, 앞을 보지 못하는 청년이 혼자서 연주를 하고 있었던 것이다. 그 청년은 자신이 연주하는 곡이 원래 두 명이 연주하는 합주곡이라는 것을 모르고 있었다. 왜냐하면 아무도 그에게 말해주지 않았기 때문이다.

두 명의 대학생이 있었다. 둘 중 자신의 아이큐가 140이라고 믿는 학생은 매사에 자신감을 가지고 활발하게 대외 활동을 했고, 자신의 아이큐가 100이라 믿는 다른 한 학생은 그저 그런 생활을 했다. 우연한 기회에 두 학생은 아이큐 검사 결과를 확인했는데, 전자의 학생은 자신의 아이큐가 98이란 사실을, 후자의 학생은 아이큐가 130이라는 사실을 알게 되었다. 과거 자신의 아이큐를 140으로 믿었던 학생은 그 후 점점 자신감을 잃고 실패를 되풀이했고, 자신의 아이큐를 100으로 믿었던 학생은 이후 자신감으로 승승장구하게 되었다고 한다.

두 사례에서 보듯이 인간의 잠재능력은 무한하다. 하지만 인간은 자신이 믿는 대로만 보고 행동하는 경향, 즉 자신만의 패러다임 안에 갇혀 있다.

서커스에 등장하는 인도코끼리는 공연할 때 외에는 항상 한쪽 뒷발이 사슬에 묶여 있다. 서커스에서 무지막지한 힘을 자랑하는 코끼리가 왜 그 사슬 앞에서 한없이 약해지는 것일까. 인도코끼리는 어릴 적부터 사슬을 끊지 못하도록 습관이 들었던 것이다. 인간도 마찬가지다. 내 안에 사자가 있다고 믿으면 어떤 어려움에도 당당하지만, 자신이 가진 잠재력을 의심하면 어떤 훌륭한 능력이나 기술이 있어도 제대로 발휘하지 못한다.

따라서 우리는 자신의 잠재능력에 대한 패러다임은 어느 정도인지, 그리고 그릇된 패러다임 때문에 자신을 작은 우리 속에 가두고 있는 것은 아닌지 점검해봐야 한다.

17대 총선에서 열린우리당 비례대표 1번으로 국회에 진출했던 장향숙 전 의원은 장애를 딛고 독서를 통해 세상과의 소통에 성공했다. 중증장애인인데다 무학력이었지만 그녀는 무려 1만여 권의 책을 읽는 등 불굴의 의지로 독학을 했고 장애인 운동에 앞장서면서 장애인의 권익을 대변하는 자리에까지 오를 수 있었다. 청년들에게

■ 인도코끼리

꿈을 준 인물로 평가받는 그녀는 국회의원 임기가 끝난 뒤에도 국가 인권위원회 상임위원으로 활동하면서 인권을 보호하고 향상시키는 데 힘을 쏟고 있다.

미국의 제26대 대통령 시어도어 루즈벨트는 대통령이 되기 전까지 여러 가지 직업에 종사했다. 그러나 언제 어디서든 독서광이라고 불릴 만큼 엄청난 독서를 했으며, 책도 38권이나 저술했다. 미국 제16대 대통령 에이브러햄 링컨은 대통령이 되고 나서도 매년 100권 이상의 책을 읽은 것으로 알려져 있다. 한국의 정치 리더들이나 기업 경영가들 역시 대부분 손에서 책을 놓지 않고 끊임없이 지식을 습득하고 있다.

20세기 영국 정치가를 대표하는 윈스턴 처칠 전 총리는 비교적 단기간의 집중적이고 체계적인 독서로 큰 효과를 거두었다. 육군사관학교를 졸업하고 1896년 인도에 간 그는 역사, 사상, 경제, 정치 분야의 책들을 체계적으로 읽어나갔다. 학창시절 공부에서 두각을 나타내지 못했던 그는 남보다 뒤처졌다는 생각에 촌음을 아껴가며 국제 정세와 정치·경제를 이해하는 데 도움이 되는 책들에 집중했다. 이때 독파한 에드워드 기번의 역사서는 훗날 영국 국민을 통합시킨 명연설의 바탕이 됐다. 그리고 그는 저서 《제2차 세계대전》으로, 정치인으로서는 드물게 노벨문학상을 수상하기도 했다.

지금까지 소개한 인물들은 잠재능력에 대한 믿음으로 한계를 극복하고, 효율성과 영향력을 극대화한 사례다. 이들은 성공하기 위해서 끊임없이 자기 자신에 대한 믿음을 강화했다.

성공하는 사람들은 외모, 학력, 배경으로 평가받지 않는다. 그들은 오직 생각의 크기로 평가받는다. 정말 해보겠다는 마음과 변화시키겠다는 마음만 있다면, 결국 꿈은 현실이 될 것이다. 시간의 차이는 있겠지만 결심만 단단하다면 미래를 제한할 수 있는 것은 아무것도 없다.

다음은 우리가 스스로의 잠재능력을 어떻게 잘못된 패러다임 속에 가두고 있는지 깨닫게 해주는 재미있는 예이다.

먼저 문제 하나를 풀어보자. 다음 그림에서 9개의 점을 4개의 직선만을 사용하여 펜을 떼지 않고 모두 연결하려면 어떻게 해야 할까.

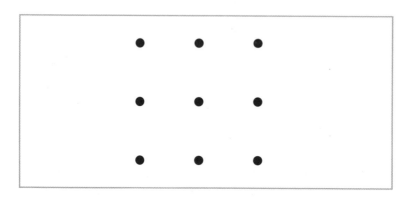

금세 답을 찾아냈는가. 문제의 답은 다음다음 페이지에 나온 그림과 같다. 잠깐, 답을 찾지 못했다면 답을 보기 전에 조금만 더 고민

해보자.

독자 중에는 쉽게 답을 구한 사람들도 있을 것이고, 답을 구하지 못한 사람도 있을 것이다. 그런데 실제로 사람들을 대상으로 실험을 해보면 대다수가 답을 찾는 데 실패한다고 한다. 왜일까. 그것은 사람들이 오직 9개의 점에만 시각이 갇혀 점들이 모여 있는 곳 바깥으로 직선을 뺄 수 있다는 생각을 못하기 때문이다. 다시 문제로 돌아가보면, 문제의 전제 어디에도 바깥으로 선을 빼거나 그어서는 안 된다는 이야기는 없다. 이렇듯 잘못된 패러다임에 빠지면 우리는 아주 단순한 진리도 놓칠 수 있다.

그럼 조금 더 나아가자. 앞의 문제의 답은 하나뿐일까. 다른 답을 구할 수는 없을까.

필자는 다음 페이지 해답 아래에 나오는 그림들도 답이라고 생각한다. 두 그림 외에 더 많은 답을 찾을 수도 있다. 혹시 이게 무슨 답이냐고 생각하는 사람들은 앞서의 문제로 돌아가 문제를 다시 한 번 자세히 읽어보기 바란다. 그 어디에도 선을 반복하지 말라는 말은 없다.

놀랍지 않은가. 우리가 잘못된 패러다임을 벗어던지면 수많은 창의적 답변들이 나올 수 있는 것이다.

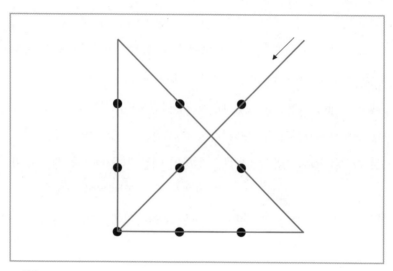

■ 해답

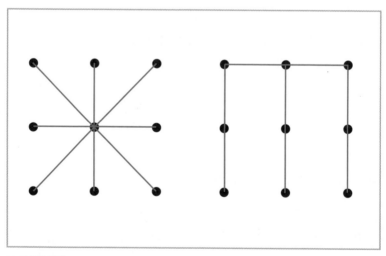

■ 또 다른 해답

패턴 리딩

이번에는 다른 그림을 살펴보자. 앞에 나온 그림처럼 답을 구하는 문제는 아니고 그림을 보고 느낌을 이야기하면 된다. 자, 이것은 어떤 그림으로 보이는가.

필자는 강의 도중 이 그림을 벽에 걸어놓고 사람들에게 물어보곤 한다. 그러면 교육생 대부분은 이 그림이 할아버지의 슬픈 얼굴이라고 답변을 한다. 독자가 보기에도 역시 그런가.

하지만 그림을 떼서 책상 위에 올려놓으면 이야기는 달라진다. 어떻게 보이는가.

답변은 대번에 둘로 나뉜다. 보는 사람의 위치에 따라 할아버지의 얼굴은 앞서처럼 할아버지의 슬픈 얼굴로 보일 수도 있고, 그와 정반대로 웃는 얼굴로 보일 수도 있다. 이 책을 읽는 독자는 아마 할아버지의 웃는 얼굴로 보일 것이다. 같은 그림을 놓고 책의 위아래를

패턴리딩

180도 돌리면, 이번에는 앞서와 같이 슬픈 얼굴로 보일 것이다.

계속해서 다음 그림도 살펴보자. 이 그림은 독자 여러분의 눈에 어떻게 보이는가.

보는 시각에 따라 중세 귀족의 모습으로 보일 수도 있고, 아기 예수를 안고 있는 마리아와 길바닥에 누운 개의 모습 등으로 보일 수도 있다. 자신의 심리적 상태에 따라 여러 이미지를 찾을 수 있는 것이다. 다시 한 번 강조하지만 인간의 잠재능력은 무한하다.

일본인들이 많이 기르는 관상어 중에 코이라는 물고기가 있다. 코이를 작은 어항에 넣어두면 5~8센티미터밖에 자라지 않는다. 하지만 아주 커다란 수족관이나 연못에 넣어두면 15~25센티미터까지 자란다. 그리고 코이를 강에 방류하면 90~120센티미터까지도 성장한다.

우리의 잠재능력은 코이라는 물고기와 같다. 더 확장된 세계를 지향할수록 더 크게 성장할 수 있다. 문제는 우리가 자신의 능력을 믿지 못하고 왜곡된 패러다임에 갇혀 있다는 사실이다.

독서능력 함양: 독서환경을 개선하라

독서법을 배우겠다고 필자를 찾아오는 사람들은 교육을 받기 전부터 대단한 독서법을 기대하는 게 사실이다. 물론 필자가 대부분의 교육생들을 획기적으로 변화시켜 줄 수 있는 독서법과 훈련법을 갖고 있는 것도 사실이다. 그렇지만 대부분의 사람들이 놓치고 있는 것이 하나 있다. 바로 방법의 문제 이전에 환경의 문제가 있다는 점이다.

앞서 언급했지만, 우리 교육의 한계 때문인지 사람들은 학교를 졸업하면 독서도 '졸업' 해버린다. 시간이 아무리 흘러도, 사회가 아무리 변해도 독서량 자체는 크게 변화가 없다. 지난 10년 넘게 한국 성인들의 연평균 독서량은 약 10~11권에서 제자리걸음하고 있다는 사실이 이를 증명한다. 그렇기 때문에 필자는 독서량이 일정 정도 수준에 이르지 못하면 어떤 독서법을 배운다 할지라도 아무 소용이 없다고 얘기하며 사람들에게 책을 읽으라고 독려한다.

필자가 운영하는 유명한 책 관련 포럼인 '그리움의 책 읽는 나무'를 통해 지난 2년간 독서량을 조사해본 결과, 필자에게 영향 받은 포럼 회원들의 평균 독서량은 월 4권으로, 지난 2년간 2배나 향상되었다. 한국 성인들의 연 평균 독서량이 11권이 채 되지 않는 것을 감안하면, 무려 4배나 높은 수치다. 현재 패턴리딩 인증 강사 · 코치들의 경우는 연간 독서량이 최소 100권 이상, 평균 150권에 달하며 연 300권 이상을 꾸준하게 읽는 분들도 꽤 있다.

자신과 관련한 분야의 책은 100권, 종합적으로는 800권 정도는 읽어야 독서법이 제대로 발휘될 수가 있다. 일반인의 경우 그 정도는 아니더라도 종합 800권, 분야 100권의 20~30% 수준의 독서량만 되어도 웬만한 독서법의 효과는 어느 정도 볼 수 있다. 일주일에 2권씩 1년만 독서를 해보라고 권하는 것은 그런 이유에서다. 단언하건대, 그렇게 한 달에 8권씩 읽는다면 1년 뒤 당신의 가치는 최소 50% 이상 뛸 것이다.

자신의 분야에서 책 100권을 읽는다는 것은 최소한 10권 분량의 지식을 외우고 있다는 뜻이기도 하다. 유사한 내용이 계속 반복될 테니 외우기 싫어도 외워지는 게 100권 독서법이다. 대화를 할 때 전문적인 개념과 수치가 자연스럽게 튀어나온다면, 또한 어려운 개념을 막힘없이 설명하고 체계적으로 풀어나갈 정도라면, 자연스럽게 당신은 그 분야의 전문가가 되는 것이다. 이는 몸값 상승으로 이어지고, 1년 정도면 그 효과를 몸으로 체험하기에 충분한 기간이 될 것이다.

근본적인 문제점은 책을 제대로 읽을 수 있는 시간대와 공간을 모른다는 데 있다. 누구에게나 자신만의 고유한 패턴이 있기 때문에, 특정 시간대에 특정 장소에서 특정한 업무가 가장 효과적이라는 사실을 체험을 통해 배운다. 그런데 독서의 경우 독서 경험 자체가 워낙 부족하다 보니 언제 어디에서 읽을 때 책이 잘 읽히고 집중력이 발휘되는지 모르는 경우가 대부분이다. 그래서 필자는 독서법을 배우기 전에 자신의 독서 스타일부터 점검해보라고 권한다. 그렇지 않으면 애써 배운 독서법이 제대로 활용되지도 못한 채 사장되기 때문이다.

마지막으로 책 읽을 시간을 만들어야 한다. 사람들은 시간 날 때 책을 읽는다고 한다. 문제는 현대인들에게 가장 부족한 게 시간이라는 사실이다. 그러니 책 읽을 시간을 낸다는 것은 말 뿐인 경우가 대부분이다.

책을 매일 보아야겠다고 결심하더라도 이를 실천하기란 말처럼 쉽지 않다. 그렇더라도 하루 30분은 책 읽는 것을 원칙으로 해보라. 그것도 아주 높은 우선순위를 부여해 절대 그 시간을 옮기거나 취소하지 마라.

정신없는 일과 시간 중으로 30분을 잡으면 미루거나 취소하기 십상이므로 잠자기 전 30분 혹은 아침에 일어난 후 30분을 독서 시간으로 잡는 것도 방법이다. 《아침 30분》《아침형 인간》 같은 책들을 읽고 참고해도 좋을 것이다. 이런 책들을 읽으면 참고가 되는 것 외에도 다시 한 번 자신을 자극하고 동기부여를 하는 계기도 된다. 홍콩의 대부호인 리자청(李嘉誠)처럼 잠자기 전 30분간 독서를 해도 좋다. 자신이 아침형 인간인지, 저녁형 인간인지 파악해서 자신에 맞는 시간을 선택하되, 하루 30분은 무조건 정해진 시간에 책 읽는 것을 원칙으로 하는 것이 중요하다.

지금 당장, 하루 일정 중에서 독서 시간에 아주 높은 우선순위를 부여하라. 그리고 절대 그 시간을 옮기거나 취소하지 않도록 하라. '시간이 나면 책을 읽어야지'라는 생각보다는 '이 시간은 책 읽는 시간이야'라는 생각이 실천과 가까운 생각이라는 것을 잊지 말자. 그렇게 3주 정도 지내보라. 그러면 자연스럽게 독서가 익숙해지기 시작할 것이다. 심리학적으로 3주*면 무엇이든 습관화할 수가 있는 시간이다.

---

* 엄밀히 말하면, 3주란 시간은 무언가를 완전히 습관화하기엔 충분하지 않을 수 있다. 크레벤 그룹에서 주관한 설문조사 결과와 필자의 관찰에 따르면, 일반인들은 습관화에 약 1~4개월의 시간이 소요된다. 현재 (주)크레벤아카데미가 실시하는 고급 교육 프로그램들 대부분이 10주 이상의 장기 과정인 이유도 그 결과에서 출발했다.

읽기에서 보기로: 잘못된 독서법을 바꿔라

독서를 처음 배우는 시기는 언제일까. 어떤 이는 초등학교 시절을 꼽기도 하고, 어떤 이는 중고등학교 시절을 꼽기도 한다. 하지만 놀라운 사실은 대부분의 사람들이 학교에서 책 읽는 법에 대해 제대로 배운 적이 단 한 번도 없다는 것이다.

사람들이 배웠다고 말하는 독서는 실상 한글 읽기에 불과하다. 처음에 한글을 배울 때, 자음과 모음을 익히고 이를 통해 문자를 만들어 소리 내어 읽는 법을 배운 것이 사람들이 생각하는 독서법의 실체다. 성인들의 경우도 수십 년을 읽어온 터라 굳이 자음과 모음, 단어와 조사, 띄어쓰기를 구분하지 않아도 능숙하게 읽어내지만 본질적으로는 유년기의 읽기와 크게 다르지 않다. 소리 내어 읽는 음독(音讀)에서 소리 내지 않고 속으로 읽는 묵독(默讀)으로 바뀐 게 전부인 것이다.

운전학원을 생각해보자. 처음에는 운전학원에서 거리와 각도까지 따지면서 배우지만, 조금 익숙해지면 음악을 듣고 강사와 대화를 나누며 운전할 수도 있다. 하지만 연습용 차량은 학원 내의 장내기능 코스와 정해진 도로주행 코스만을 운행할 수 있을 뿐이다. 유년기에 배운 책 읽기를 지금까지 사용하는 것은 마치 운전학원 연습용 차량을 타고 고속도로로, 산길로 마구 달리는 것과 마찬가지다. 불가능하지는 않지만 매우 위험하다.

패턴 리딩

사람들은 이러한 문제를 해결하고자 수많은 독서법을 개발했다. 하지만 대부분의 독서법은 지나치게 빨리 읽는 것에만 치중하여 단지 기계적 안구 운동을 높이는 데 그치거나 지식의 활용 면에서 미미한 성과를 거두었을 뿐이다. 비용도 많이 들고 오랜 훈련 기간을 필요로 하지만 효과는 크지 않은 편이다.

반면 패턴리딩 독서법은 적응 기간이 짧고 활용성도 탁월하다. 실제로 패턴리딩 교육 과정의 경우, 과속읽기 기법을 통해 독서능력을 하루 만에 무려 10배 이상 향상시키는 경험을 할 수 있도록 설계되어 있다(단, 이를 지속하는 데는 꾸준한 훈련이 필요하다). 또한 단순한 속독보다는 전체적인 효율(빠르고 정확하게 읽고 오랫동안 기억하고 잘 활용하기)에 집중한다.

중요한 것은 글자를 읽는 속도가 아니라 정보를 보고 활용할 수 있는 속도다. 책을 빨리 보는 동시에 양질의 정보를 잡아내서 얻는 것이야말로 올바른 독서법이라 할 수 있다.

이해 속도 신장: 책과 언어의 구조를 파악하라

한 사람이 상대방에게 자신의 생각을 전달하고자 할 때, 커뮤니케이션상의 오류는 얼마나 발생할까. 놀랍게도, 생각에서 말로 변환하는 과정에서 전체의 70%가 손실되고, 또 상대방이 듣고 받아들이는 과정에서 전체의 20%가 손실된다고 한다. 결과적으로 전달하고자 하는 내용의 약 10% 남짓만이 전달되는 셈이다. 더욱 심각한 문제는 화자가 압축하는 방식과 청자가 이해하는 방식의 알고리즘이 다르다는 데 있다.

의사전달 수단의 구성비에 관한 다이어그램에서 보듯이, 의사전달 수단에서 말이 차지하는 비율은 7%에 불과하다. 이것은 의사전달에서 그만큼 몸짓이나 표정 등이 큰 비중을 차지한다는 이야기다.

예를 들어 "나는 당신의 태도에 문제가 있다고 말하지 않았다"라는 문장을 살펴보자. 같은 문장이라도 어디에 악센트를 두느냐에 따라서 의미는 전혀 달라진다.

- 나는 당신의 태도에 문제가 있다고 말하지 않았다.
- 나는 당신의 태도에 문제가 있다고 말하지 않았다.
- 나는 당신의 태도에 문제가 있다고 말하지 않았다.

세 문장이 각각 어떻게 들리는가. 첫 번째 문장은 내가 아닌 다른 누군가가 말을 했다는 뜻이다. 두 번째 문장은 내가 말하긴 했는데 당신이 아닌 다른 사람에 대해 얘기했다는 뜻이다. 그리고 세 번째 문장은 내가 당신에 관한 이야기를 하긴 했는데 태도에 관한 것이 아닌, 다른 주제에 관해 이야기를 했다는 뜻이다.

이러한 의사전달 오류로 인해 대인관계에 문제가 생기고, 업무상

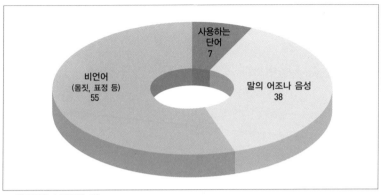

회의나 보고, 지시, 전달 등이 순조롭게 이루어지지 못한다. 또 알아
들었을 거라고 지레짐작하거나, 말하지 않고 확인하지 않음으로써
생기는 문제도 비일비재하다. 더욱이 보고서, 제안서, 회의록, 편지,
이메일 등을 작성하는 데 활용하는 언어의 범위가 극히 제한되어 있
거나 전문용어가 지나치게 남용되는 경우가 너무나 흔하다. 그렇게
해서는 상대방을 이해시키거나 관계를 정립하는 데 어려움이 발생
할 수도 있다.

　따라서 커뮤니케이션의 이러한 오류 현상들을 이해하고, 보다 많
은 언어를 습득해서 더 나은 의사소통을 위한 관심을 기울여야 한
다. 그렇게 할 수 있다면 상호 간의 이해 속도가 향상될 것이다.

창의력 향상: 사고력과 직관력을 발휘하라

문제를 하나 풀어보자. 다음의 숫자들 다음에 어떤 숫자가 와야 할까.

1, 2, ?

혹시 3이라고 생각했는가. 문제를 좀더 이어보겠다.

1, 2, 4, ?

이쯤 되면 아마 많은 사람들이 8이란 숫자를 답할 것이다. 그렇다면 다음 숫자는 무엇일까. 당연히 16이 되고, 그 다음은 차례로 32, 64, 128, … 등이 이어질 것이다. 이것은 우리가 수학시간에 배운 등비수열(等比數列)의 대표적인 예로, 첫항이 1이고 공비(公比)가 2인 등비수열이다. 학교를 졸업한 지 한참 지나서 등비수열이니 공비니 하는 용어가 가물거리는 사람이라도 나열된 숫자들의 규칙을 어렵지 않게 찾을 수 있을 것이다. 만일 숫자들을 그냥 100개쯤 적은 다음에 외우라고 한다면 당신은 외울 수 있겠는가. 아마 이런 규칙과 패턴을 읽기 전이라면 불가능에 가까울 것이다. 우리는 패턴을 끊임없이 찾으려 하고, 패턴을 찾고 나면 나머지는 공식에 대입해 나오는 숫자처럼 분명하게 보이게 된다.

또 다른 예로 TV 드라마를 들 수 있다. 우리는 어려움에 처한 주인공이 결국 난관을 뚫고 성공을 쟁취한다는 것을 처음부터 알고 있다. 이것은 과거의 비슷한 학습이나 이야기를 통해 그 패턴을 아는 것이다. 우리는 통상 이때에 사고력 또는 직관력을 발휘한다고 말한다.

패턴리딩의 특징 중 하나가 전체를 통해 부분을 보는 것이다. 그리고 그 과정으로서 저자의 패턴과 독자의 패턴을 비교하는 독특한 단계가 존재한다. 예를 들면 본문을 먼저 읽고 차례를 봄으로써 독자는 자신과 저자의 패턴 차이를 알 수 있다. 즉 사고력이나 직관력이 발휘되는 것인데, 이것은 바로 창의력의 기본이 된다. 창의력이란 결코 새로운 것을 만든다는 의미가 아니다. 기존의 가치에 발전적 차이를 주는 것이야말로 창의력의 핵심인 것이다.

창의력에 대해 에드워드 드 보노는 '새로운 아이디어를 생각하는 것' '작동되는 아이디어' '궁극적으로 수용되는가' 이 세 과정을 모두 거쳐야만 창의적이라 할 수 있다고 정의했다. 또 "발명이란 무에서 유를 만들어내는 작업이 아니라 기존에 있던 것들의 근거와 출처를 숨기는 작업"이란 에디슨의 말은 창의력의 속성을 가장 잘 설명해주고 있다. 그에 따르면 기존의 논리에 새로운 논리를 부합하는 것이야말로 창의력의 원천이라는 것이다. 따라서 사고력과 직관력을 기르는 것이야말로 창의력 향상을 위해 해야 하는 가장 중요한 일이다.

책, 어떻게 고를까

일주일에 한 번 정도는 반드시 서점을 방문하라. 서점에 갔을 때, 특정 분야의 코너에만 머물러 있지 말고, 서점 전체를 둘러보는 것이 좋다. 기왕이면 규모가 큰 서점을 방문하면 유리하다. 사고 싶은 책을 발견했다 하더라도, 일단은 메모만 해두고 그 자리에서 구입하지 않는 것이 좋다.

그렇게 두세 번 서점을 방문했는데, 계속 눈에 들어오거나 여전히 사고 싶다는 마음이 드는 책이 있다면 바로 그 책을 구입하라. 당신은 집에 돌아가자마자, 아니 어쩌면 집으로 돌아가는 길에 그 책을 펼쳐들고 읽기 시작할 것이다. 그렇게 구입한 책은 매우 빠른 시간 안에 다 읽어낼 것이다.

즉흥적으로 구입한 책은 제대로 읽을 확률이 높지 않다. 집에 두고는 전혀 들춰보지도 않는 경우까지 있다. 그러니 선물로 받은 책을 읽을 확률이 높지 않은 건 당연한 결과처럼 보인다. 상대방에 대한 예의 혹은 고마움이 독서라는 능동적인 행위로 얼마나 이어질 수 있을까. 게다가 선물 받은 책은 끝까지 읽는 비율도 매우 낮은 편이다. 선물은 선물일 뿐이다.

|

패턴리딩의 효과

독서 속도가 비약적으로 빨라진다

〈뉴욕타임스〉지에 실린 하루치 정보의 양은 빅토리아 시대에 한 사람이 평생 모을 수 있었던 정보의 양보다 많다고 한다. 이렇듯 오늘날 정보는 도처에 무한히 널려 있다. 따라서 이제 관건은 '얼마나 많은 정보를 아는가' 가 아니라 '수많은 정보를 어떻게 활용할 것인가' 에 달려 있다.

조지 길더는 《텔레코즘(telecosm)》이란 저서에서 인터넷의 발달로 더 크고 복잡한 정보가 3~5년에 1,000배 그리고 10년에 100만 배 이상 늘어날 것이라고 전망했다. 이제는 정보가 부족해서 일을 할 수 없는 시대가 아니다. 이러한 정보의 홍수 속에서 지식을 만들어 내는 데 필요한 정보를 얼마나 신속하고 정확하게 선별해내는가가 문제다. 즉 엄청난 정보 속에서 자신이 직간접적으로 필요로 하는 정보를 신속 정확하게 선별하는 능력이 필요하다. 다양한 분야의 책들을 꾸준히 읽다 보면, 어떤 정보를 접하는 순간 우리는 이것이 유익한 정보인지 아닌지 금세 알 수 있다.

요컨대 많은 책들을 한정된 시간 안에 읽어내는 능력이 중요한 시대가 도래했다. 어떻게 많이 읽어낼 수 있을까. 보통 한 권의 책은 250~300페이지가량이 되며, 평균 8~10만 단어로 이루어져 있다. 그렇다면 우리는 책 한 권을 읽는 데 얼마의 시간을 소모할까. 개개인의 능력의 차이에 따라 다르겠지만 아마도 적지 않은 시간을 투자하고 있을 것이다.

앞서도 언급한 바 있지만, 인간에게는 책 한 권을 불과 몇 분 안에 읽을 수 있는 능력이 있다. 도미니크 오브라이언은 《5등 안에 야무지게 들어가기》에서 "인간의 눈은 500분의 1초 이하의 속도로 초점을 이동시킬 수 있다고 알려져 있고 눈에서 45센티미터 떨어진 통상의 독서 위치에서 한쪽 눈이 초점을 맞출 수 있는 글자의 길이는 표준 서체로 알파벳 18자 정도"라고 했다. 이는 영어 단어로 하면 평균 3단어 정도로, 인간은 이론상 매초 1,500단어, 매분 9만 단어를 읽을 수 있는 능력을 가지고 있다는 것이다. 하지만 이러한 잠재능력에도 불구하고 실제로 우리의 평균적인 독서 속도가 매분 200단어 정도에 지나지 않는다는 것은 매우 안타까운 일이다.

왜 우리는 능력을 지니고 있으면서도 그에 한참 못 미치는 형편없는 독서 속도를 보이는 것일까. 여러 가지 이유가 있겠지만 가장 큰 이유는 잘못된 독서습관에 있다. 책의 '패턴'을 읽지 않고 사실에만 집착하는 방법으로 원하는 시간 안에 원하는 양의 독서를 하기는 불가능하다. 패턴리딩은 책의 '패턴'을 익히는 독서법으로 이러한 문제를 극복하도록 한다.

자신만의 사고력과 직관력의 패턴을 발견한다

미래는 과거와 달리, 우리에게 시간에 대한 엄격한 적용을 요구할 것이다. 무의식적이고 별 의식 없이 시간을 낭비해왔던 시대에서 시간이 최대 희소자원이 되는 시대가 도래하고 있다. 쓸모 있는 정보를 신속하게 선별해낼 수 있는 능력이 곧 그 사람의 가치가 될 것이다.

우리는 매일 인터넷, 방송, 신문 등을 통해 엄청난 양의 정보를 받아들인다. 회사에서도 이메일과 서류에 파묻혀 있다. 또한 그 와중에 새로운 책들도 끊임없이 읽어야 한다.

《자이베르트 시간관리》의 저자 로타르 자이베르트는 "기업의 관리자들은 자기들에게 주어진 시간 중 30%가량을 오직 정보 취득, 즉 글 읽기에만 소비하고 있다"라고 말했다. 문제는 이러한 글 읽기가 아무런 조직화 과정도 거치지 못하고 단편적 경험으로 끝나고 있다는 점이다. 다시 말해 문제해결 능력에 아무런 도움을 주지 못한 채 사장되는 쓸데없는 글 읽기에 그친다는 것이다. 따라서 훌륭한 지식이 형성되기 위해서는 정보와 결합할 수 있는 경험이 필요하며, 패턴리딩은 훌륭한 간접경험의 기회를 제공한다. 이를 바탕으로 자신만의 정보선별 능력 그리고 사고력과 직관력을 기를 수 있다.

학습능력을 향상시킨다

굳이 패턴리딩이 아니더라도 독서는 그 자체로 좋은 학습법이다. 효과적으로 지식을 넓혀줄 뿐만 아니라, 학습을 위한 기초 정보와 사고력을 증진시킴으로써 학습능력을 향상시킨다. 그 분야의 정규교육을 받지 않았는데도 남다른 업무능력을 나타내는 직장인들이나, 사교육의 혜택을 전혀 받지 못하고도 탁월한 학업성적을 올리는 학생들을 볼 수 있는데, 이들은 대부분 독서광이다.

몇 해 전, KBS TV 〈도전 골든벨〉 프로그램에서 골든벨을 울린 시골 여고생 지관순 양의 성장 스토리가 전국적으로 화제가 된 적이 있었다. 어려운 관문을 뚫고 골든벨을 울린 뒤 눈물을 쏟은 지관순 양은 가정형편이 어려워 검정고시로 초등학교 과정을 마쳤다. 중학교 입학 이후엔 오리 사육, 우유 배달 등을 통해 스스로 학비를 조달해야만 했다. 고등학교에 진학한 후에도 병환에 시달리는 부모를 뒷바라지하고, 아르바이트를 하면서 학교를 다녔다. 그 흔한 과외 한 번 받지 못했지만 학업성적이 우수했던 그녀는 자신이 골든벨을 울릴 수 있었던 원동력은 평소 책을 많이 읽었기 때문이라고 밝혔다. 책을 살 돈이 없어서 도서관에서 빌려 읽거나 동네에서 버리는 책을 주워 읽으며, 지식과 정보와 교양을 쌓았다고 한다.

만 13세 때 토플 만점을 맞아 최연소 토플 만점자 기록을 세웠던 김시욱 군의 비결 또한 그의 방 벽면을 가득 메운 책들이었다고 한다. 김시욱 군은 책을 많이 읽되 단 몇 줄이라도 독후감을 써봐야 자기 실력으로 쌓인다고 말한다. 그는 하루 15시간 이상 독서를 한 적도 있다. 초등학교 4학년 때, 아침 9시부터 밤 12시까지 책에만 빠졌던 적도 있었다는 그는 "당시 주말 내내 500페이지짜리 영어책을 읽고 글을 썼다"고 말했다. 어린 나이답지 않게 다독(多讀)에 매달리며 기본기를 쌓자 금방 두각을 나타내기 시작했다고 한다.

이들 사례에서 보듯이 책을 읽는 것보다 더 나은 학습은 없다. 야구, 골프, 경마 등 승부의 세계에서는 간발의 차이가 부와 명성을 결정짓는다. 그렇다면 간발의 차이를 결정짓는 요소는 무엇일까. 바로 꾸준한 노력을 통한 습관이다. 꾸준한 습관이 승패를 좌우하는 것이다. 모토로라에서는 직원들의 교육비 투자가 3년 후면 30배 정도의 효과로 돌아온다고 평가한다. 그래서 연간 200시간 이상의 교육을 지속적으로 제공하고 있다.

만 29세의 젊은 나이에 SK텔레콤 상무가 되어 유명세를 탔던 윤송이 엔씨소프트 부사장은 어릴 때부터 책을 옆에 끼고 살았다고 한다. 그녀는 지금도 "자신을 키운 건 8할이 독서"라고 말한다. 그녀는 초등학교 2학년 때, 어머니 심부름으로 동네 가게에 다녀오다가 주차하던 차에 부딪히는 사고를 당했다. 다행히 크게 다치진 않았지만, 자동차 운전자에게만 책임을 따질 순 없었다. 왜냐하면 심부름을 가면서도 읽던 책을 놓지 않아 주차하는 차를 미처 발견하지 못했기 때문이다. 그 후에도 그녀는 독서에 대한 욕심 때문에 꾸중을 자주 들었지만, 그 결과 서울과학고를 2년 만에 조기졸업하고 카이스트를 수석 졸업했으며, 미국 MIT 미디어랩에서 3년 6개월 만에 박사학위를 취득한, 타의 추종을 불허하는 학력과 경력의 소유자가 되었다.

윤송이 부사장의 경우처럼 어린 시절에 독서를 많이 하면 성공할 확률이 높다. 하지만 독서는 20대, 30대의 나이에 시작한다고 해도 결코 늦지 않다. 어쩌면 패턴리딩은 지금 시작하는 것이 늦었다고 생각하는 성인들을 위한 학습법이라고 할 수 있다. 13세기 이슬람 신비주의 사상가로 가장 위대한 스승으로 불리는 이븐 알 아라비(Ibn al-'Arabi)가 "우주는 한 권의 거대한 책"이라고 말했듯이, 책은 인간에게 생각하고 분석하고 창조하는 힘을 키워준다. 세상은 언제나 책 읽는 사람들이 움직여왔다. 그래서 영국, 프랑스, 일본 등에서는 이미 오래전부터 '독서지도 전문가(Reading Specialist)'들을 통해 읽기와 쓰기 능력을 키우는 학습에 진력하고 있다.

급변하는 정보화 사회에서 학습능력의 중요성은 두말할 나위가 없다. 정보를 효율적으로 습득하기 위해서는 학습능력이 뛰어나야 하기 때문이다. 학습의 대부분은 독서를 통해서 이루어진다. 그러므로 읽기 방법을 개선하는 것이 학습 방법을 개선하는 것이다.

대부분의 성인들은 자신의 머리가 이미 굳어버려 제대로 된 학습이 어렵다고 토로한다. 그러나 이런 고민은 독서를 통한 학습에 대한 선입관에서 비롯된 것이다. 책을 읽고, 그 내용을 기억해야 한다는 강박관념에 빠져 있기 때문이다. 만약 텍스트를 보고 그것을 외우려고 한다면 하루 24시간을 몽땅 투자해도 책 반 권도 소화하기 힘들 것이다.

그러나 패턴리딩은 책 전체의 흐름을 흡수함으로써 정보의 골격을 이해하고, 그것을 자기 생각과 비교하고 조화시키도록 하는 창의적인 독서학습 과정이다. 패턴을 통해 전체의 상(像)을 잡는 훈련을 하면 짧은 시간에 많은 정보를 효과적으로 얻을 수 있을 뿐 아니라 해당 분야에 대한 지식의 체계를 세울 수 있다.

패턴리딩을 배우면 얼마나 빨리 읽을 수 있는가

패턴리딩은 속도가 아닌 종합적 독서능력을 강조한다. 그렇다고 해서 읽는 속도가 빠르지 않다는 것은 절대 아니다. 오히려 패턴리딩은 어느 정도의 독서 속도를 향상시키는 데 가장 탁월한 효과를 발휘하는 독서법으로 정평이 나 있다. 이는 지금까지 5년여의 교육 과정을 통해 증명되었고, 하루 동안 패턴리딩을 집중적으로 배운 참가자들도 평균 독서 속도가 분당 1,500~2,000단어에 이르는 것을 확인할 수 있었다.

현재 국내에 소개된 세계적인 독서법 중에는 '포토리딩 홀마인드 시스템'이 읽기 속도가 가장 빠른 것으로 알려져 있다. 포토리딩 홀마인드 시스템은 무려 분당 25,000단어를 읽는 능력을 갖도록 훈련을 시킨다. 다만, 그만큼 수준 높은 자기계발이 선행되어야 하는데, 평균 훈련 기간만 꼬박 6개월이 걸릴 정도라고 한다.

필자가 연구한 바에 따르면 분당 1,500단어 내지 2,000단어 정도까지는 읽는 능력이 이해나 활용에 지장을 주지 않으며, 그 이상의 속도를 달성하려고 할 때는 읽고 이해하는 능력의 일부를 전용하여 특별한 기술을 사용해야만 읽기와 이해에 지장을 주지 않는다. 따라서 고속읽기 능력을 가지려면 상당한 훈련이 필요한 것만은 분명하다.

책은 천천히 읽어야 한다는 이야기는
어떻게 받아들여야 할까

시중에 소개되어 있는 독서법 책의 수만큼이나 많은 독서법 전문가들이 존재한다. 필자도 그중 한 명이다. 독서법 전문가들은 당연히 저마다 자신의 철학과 기법이 최고라고 믿는데, 전문가들 가운데 책은 천천히 읽어야 한다면서 속독법을 굳이 무시하는 분들도 있다. 이것을 어떻게 이해해야 할까. 필자는 그분들의 주장을 다음과 같이 이해하고 있다.

- 이미 자신은 속독 능력이 되기 때문에 특별히 속도에 집착하지 않을 수 있다. 실제로 필자가 책을 읽을 때는 속도에 그다지 초점을 맞추지 않는다. 물론 속도가 느린 것은 아니다. 40여분 남짓 되는 퇴근길에 두세 권씩 읽을 때가 많으니까 말이다. 그렇지만 필자는 속도를 그다지 중요시하지 않는다. 그냥 이미 빨라져 있기 때문인 듯하다.
- 종합 독서량이 많은 사람들은 본인도 모르는 사이 독서 속도가 상당히 빨라져 있을 수 있다.
- 독서능력에는 단계가 있으며, 어느 정도의 단계에 올라가면 속도는 큰 문제가 되지 않기 때문이다.

사고하는 데 필요한 기술, 책을 쓰는 데 필요한 기술뿐 아니라,
독서하는 데도 필요한 기술이 있다.
– 벤저민 디즈레일리 –

Part 2

패턴리딩
익히기

많은 사람들이 불평한다.

"읽을 책이 너무 많아요."

"읽을 자료가 너무 많아요."

"책만 보면 잠이 와요."

"책만 보면 머리가 아파요."

책은 즐겁게 읽는다

필자는 5년 전, 만화책을 읽는 재미에 푹 빠져 살았던 적이 있다. 주말마다 고향으로 내려가 30~40권 정도의 만화책을 2시간 남짓 동안 봤다. 십수 년 정도 만화책을 가까이하지 않았던 탓도 있고, 그사이 새로운 작품들도 많아진 데다, 매일 읽는 텍스트 위주의 책에 약간의 지루함도 느꼈기 때문이다. 아내도 덩달아 만화책을 읽었는데, 한 컷 한 컷 음미하며 즐겁게 읽었던 기억이 있다. 부부 사이에 대화가 줄어들었다는 점 정도가 아쉬웠달까….

사람들은 책을 선택할 때 많은 생각을 하지 않는다. 그 결과 막상 고른 책이 재미가 없거나 정보 수집에 어려움이 있다고 판단되면 쉽게 책을 놓고 만다. 한국인들은 평균 한 달에 한 권을 읽을까 말까 하는데, 간만에 집어든 책에 대한 흥미마저 사라진다면 어떻게 될까. 따라서 책을 선택할 때는 왜 선택하는지, 무엇을 얻으려는지, 얻은 것을 가지고 무엇을 할 것인지가 분명해야 한다. 즉 책을 읽는 목적이 분명해야 선택한 책을 끝까지 즐겁게 읽을 수 있다.

아무리 말을 빨리 하는 사람도 말하는 양의 세 배 이상을 생각할 수 있다고 한다. 즉 인간에게는 한 가지 일을 하면서 끊임없이 딴생각을 할 수 있는 놀라운 능력이 있다는 것이다. 사람들은 보통 독서를 할 때 아무리 집중한다 해도 한 시간 이상을 유지하기는 어렵다. 주위가 시끄럽거나 오가는 사람들이 많은 곳에서는 집중할 수 있는 시간이 더욱 짧아질 것이다. 적지 않은 사람들이 화장실에서 책을 읽는 경향이 있다는 것은 그만큼 집중해서 읽기를 원한다고 볼 수도 있다. 좋은 환경에서 책을 읽을 수 있다면 좋겠지만, 대부분은 그러기 힘들다. 읽고 싶은 책을 여러 권 사서 한 권을 읽다가 집중력이 떨어지면 다른 책을 읽는 식으로 하는 것도 좋은 방법이다.

독서는 스트레스를 주는 행위가 아니라 즐거움을 주는 행위가 되어야 한다. 어릴 적 만화책이나 무협지를 읽을 때의 그 신나는 느낌처럼 말이다. 집중력이 떨어질 즈음에 내용이 다른 책을 읽으면, 새로운 느낌으로 지식을 접할 수도 있고 더 오래 집중할 수도 있으며 더 많은 책을 읽는 즐거움도 느낄 수 있다.

독서법을 익혀야 한다

현재 많은 독서법이 소개되어 있다. 독서법을 배우려면 그 명칭만큼이나 색다르고 값비싸며 오랜 훈련을 필요로 하는 경우가 많다. 그래서 독서법은 쉽게 접하기 힘들고 배우기도 어렵다고 생각하는 것도 무리가 아니다. 오늘날 사람들은 옛사람들이 평생에 걸쳐 축적한 지식보다 많은 양을 매일매일 처리하고 있다. 따라서 읽기 능력은 매 순간 자신에게 더 나은 정보를 받아들이고, 시간을 절약하여 성공적인 삶을 이루도록 보장하는 기술이 된다. 바꿔 생각해보면, 읽기 능력은 높은 이자 수익을 얻기 위해 투자하는 엄청난 재테크 자금에 비해 비교도 안 될 만큼의 싼 비용으로 그보다 훨씬 높은 수익을 올릴 수 있는 기술이다. 그리고 그것은 손실 가능성이 없는 자기 자신에 대한 투자이다.

아무리 좋은 기술이라도 양적인 훈련이 뒷받침되지 않으면 소용이 없다. 기술 습득만으로 책을 많이 읽는 사람들을 따라가는 데에는 한계가 있다. 더 많이 읽지 않으면 격차는 벌어지게 마련이다. 앞서도 언급했듯이, 독서량의 차이는 국력의 차이로도 이어진다. 좋은 독서법을 익혀 많은 책을 읽으면 자기 자신은 물론 국가의 발전에도 기여할 수 있는 것이다.

CHAPTER

04

패턴리딩을 익히는 자세

먼저 독서와 관련해 자신의 한계와 습관을 인식하고 이를 벗어나야 한다. 독서에 관해 불평하는 사람들은 다음 6가지 유형의 껍질에 갇혀 있다.

독서를 멀리하는 6가지 유형

- 수면형: 책만 보면 잠이 와.
- 알러지형: 책만 보면 머리가 아파.
- 자기방치형: 꼭 독서를 해야 하나.
- 추종자형: 책은 뭐하러 읽어. 검색하면 되는데.
- 무대포형: 속독은 무슨…. 낱낱이 다 읽어야지.
- 근심형: 휴우, 이거 언제 다 읽지.

6가지 유형 중 하나에 자신이 해당한다고, 고개를 끄덕이고 말면 아무런 발전도 없을 것이다. 어미가 밖에서 알을 쪼아주면 새끼가 껍질을 깨고 나오듯이, 패턴리딩을 통해 책을 멀어지게 하는 그런 껍질들을 깨고 나와야 한다.

사람들은 독서와 관련해 7가지 잘못된 습관이 있다. 많은 사람들이 이중에서 두세 가지 이상의 습관은 가지고 있다. 자신에게도 해당되는 항목이 있는지 체크해보자.

- 동기와 목적 없이 읽는다.
- 독서법을 배우지 않고 읽는다(음독 습관/묵독 습관)
- 책 읽기 환경이 부적합하다.
- 독서량 목표가 없고, 독서 계획이 없다.
- 배경지식이 부족해서 제대로 이해할 수 없는 책을 선택하여 읽고 있다.
- 읽고자 하는 책을 충분히 갖고 있지 않다.
- 독서법 습득이 어렵다고 생각하여 애당초 도전을 하지 않거나, 받아들이려 하지 않는다.

자, 당신은 위에 제시된 7가지 잘못된 독서습관 중 몇 가지나 가지고 있는가. 평소 나름대로 독서를 열심히 하는 사람들도 나쁜 독서습관 탓에 독서를 효과적으로 하지 못하는 경우가 많다. 다음에 제시될 독서에 관한 자세들을 익힌다면 그런 나쁜 독서습관으로부터 탈출할 수 있다.

독서에 관한 편견을 버려라

필자는 대학에 입학하자마자 어머니의 성화에 못 이겨 운전을 배웠다. 필기시험은 그다지 어렵지 않았지만, 직접 운전을 해야 하는 실기시험은 한 번 떨어진 다음에야 합격할 수 있었다.

운전학원에서 가르치는 것은 실제 운전과 많이 다르다. 바퀴를 어깨선에 맞춰서 정지하고, 핸들을 45도 꺾고, 오른쪽 사이드 미러와 외부 환경을 맞추라는 등의 주문은 정말이지 실제 운전에서는 거의 무용지물이다. 실제 도로에 나가서 3개월쯤 지나자 한 손으로 운전대를 잡고 운전할 수 있을 정도의 여유가 생기기 시작하고, 액셀러레이터와 클러치를 밟는 것도 매끄러워졌다. 게다가 차나 사람이 갑자기 튀어나오면 무의식적으로 브레이크를 밟을 정도의 순발력도 생겼다.

독서도 마찬가지다. 우리는 독서를 배우지 않았다. 우리가 배운 것은 엄밀히 말해 한글이라고 불리는 그림과 의미였다. 자음과 모음을 배우고, 발음을 배우고, 받아쓰기를 통해 실제 음과 글 모양이 다른 것들을 외우는 등의 과정을 거쳐 한국어를 배웠던 것이다. 그런데 그게 다였다. 그 이후에 우리는 교과서를 읽는 법도, 시와 소설을 제대로 음미하며 읽는 법도 배우지 않았다. 이유는 간단하다. 입시에 전혀 도움이 되지 않는다고 판단했기 때문이다. 그래서 사람들은 필자에게 다음 세 가지 질문을 많이 던진다.

- 책을 읽을 때 속독으로 읽어야 하나요, 정독으로 읽어야 하나요.
- 시집이나 소설도 속독할 수 있나요.
- 공학이나 수학과 관련된 책은 어떤 독서법을 사용해야 하나요.

당신의 생각은 어떤가.

필자가 생각하는 답을 말해보겠다.

첫째, 속독과 정독은 선택 사항이 아니다. 적어도 분당 2,000단어 내외까지는 속독과 정독이 동시에 이뤄질 수 있다(한국인의 평균 독서 속도는 분당 150~200단어 내외). 훈련만 된다면 훨씬 더 빠른 속도에서도 가능하다. 의학적으로 볼 때 인간은 분당 9만 단어를 인지할 수 있는 능력이 있고, 어떤 실험에서는 분당 70만 단어까지 인지했다는 기록도 있다. 책 한 권이 8~10만 단어 정도로 이루어진 점을 감안한다면 엄청난 속도가 아닐 수 없다. 믿어지는가. 아마 믿어지지 않을 것이다. 실제로 필자가 연간 600여 권의 책을 읽는다고 하면 믿지 못하는 사람이 대부분인데, 하물며 이런 숫자들을 믿으라고 강요하는 건 고문에 가까울지도 모르겠다.

패턴리딩은 크게 두 가지로 구성되어 있다. 하나는 철학이고, 하나는 방법론이다. 두 가지를 모두 습득할 수 있다면 좋지만, 그중 하나만 선택해야 한다면 철학을 습득해야 한다. 방법론은 세상에 많다. 그러나 철학을 올바로 익히지 못한다면 어떤 방법도 무용지물이 되고 만다. 따라서 독서에 대한 올바른 철학을 익힌다면 자기 몸에 맞는 방법론을 찾을 수 있다.

만약 독자가 속독법을 배웠다고 하면 주변에서 "웬 속독? 책은 정독을 해야지"라고 할 것이다. 정독은 한자로 '바를 정(正)'에 '읽을 독(讀)'을 쓴다. 바르게 읽는다는 뜻이다. 그런데 같은 책을 보더라도 어떤 사람은 30분 만에 다 읽을 수 있고, 어떤 사람은 5시간이 걸릴 수도 있다. 그냥 쉽게 봐야할 책이 있고, 두고두고 오래 봐야 할 책도 있다. 이렇게 사람에 따라 환경에 따라 책 읽는 방법이 다르듯이 정독도 모두에게 맞는 방법이라고 할 수는 없다.

따라서 정독에 얽매이지 말고, 생각을 바꿔서 어떻게 하면 기존의 습관을 바꾸고, 책을 통해 내가 원하는 목표점으로 갈 것인가를 생각해야 한다. 책은 그 목표점으로 가는 도구일 뿐이다. 책을 100권 읽는 것이 목표가 될 수 없다. 책 읽기를 통해서 무엇을 하겠다는 것이 목표가 되어야 한다. 책을 읽는 이유를 만드는 것이 우선이다. 그 이유에 대한 답변을 채울 수 있다면 사람들이 말하는 소위 '정독'에 굳이 얽매일 필요가 없는 것이다.

둘째, 시나 소설을 왜 속독하려고 하는지 모르겠다. 필자는 고등학교 때부터 대학 때까지 거의 매일 시를 습작해서 1,000여 편의 시를 쓴 경험이 있다. 시를 쓸 때는 쉼표 하나, 띄어쓰기 하나, 행 나누기 하나까지 많은 의미를 둔다. 음운까지 생각하면 시는 처음 읽을 때의 느낌과 두 번째 읽을 때의 느낌이 확연히 다르다. 그렇게 창작된 시를 분당 몇백, 몇천 단어의 속도로 읽는다고 해서 무슨 의미가 있는가.

독서법들은 목적에 따라 크게 두 가지로 나눌 수 있다. 하나는 지식추구형이고, 다른 하나는 감성지향형이다. 그렇다면 패턴리딩 독서법은 두 가지 중 어디에 해당할까. 바로 지식추구형 독서법이다. 많은 사람들이 패턴리딩에 대해서 오해를 하기 때문에 보다 쉽게 이해할 수 있도록 시와 소설을 앞에서 예로 드는 것뿐이다. 물론 세상의 모든 독서법이 지식추구만 목적으로 하는 것은 아니다. 다만 필자가 이 책에서 말하는 패턴리딩은 지식추구형에 적합한 독서법이라는 것이다.

셋째, 독서법은 그 목적에만 적합하다면 글자로 이루어진 어떤 자료를 읽는 데 사용하든 상관없다. 오히려 구조적이거나 선택적인 책 읽기를 감안한다면 공학 관련 책들이 속독법에 더 적합하다.

이제까지 살펴본 것처럼, 잘못된 독서 지식으로 무장된 사람들에게는 아무리 독서법을 가르쳐도 효과가 나타나지 않는다. 그 이유는 이미 갖고 있는 오류들이 새로운 지식의 습득을 방해하기 때문이다. 모차르트가 음악을 가르칠 때 처음 음악을 배우는 사람보다 전에 음악을 배운 적이 있는 사람들에게 더 비싼 레슨비를 받았던 것도 그 오류들을 없애기가 만만치 않았기 때문이다.

긍정적인 패러다임으로 훈련하라

필자는 교육에 관련된 일을 한다. 그러다 보니 독서법에 관련된 강연을 많이 해왔다. 강연을 하다 보면 이해할 수 없는 태도를 지닌 교육생도 눈에 띈다. 높은 수강료를 내고 교육을 받으러온 한 교육생이 교육 내내 강사와 그 강의를 신뢰하지 못하는 경우도 있다. 강의를 하는 입장에서 그런 상황이 생기는 데는 강사에게도 어느 정도 책임이 있다. 그렇지만 강사의 강의 내용에 대해 긍정적인 마음가짐, 즉 저 사람의 강의를 통해 방법을 익히면 최소한 나 자신의 독서 능력이 변할 수 있을 것이라는 믿음을 가질 필요가 있다. 독서법 강의나 이론, 강사에 대한 냉소적인 태도는 역설적으로 자기발전 가능성에 대한 불신을 의미한다. 이런 사람은 거금을 투자해놓고도 자신의 독서가 풍부해지는 낙관적 상황을 믿으려 하지 않는다.

긍정적인 사람은 최악의 강의에서도 배움을 얻는다. 최소한 '저 사람처럼 강의하지는 말아야지, 저 사람처럼 살지는 말아야지' 하면서 자신에게 긍정적인 결론을 내리려고 노력한다. 그런 자세를 가져야 좋은 배움을 얻을 수 있고, 돌아가서 실천할 수도 있다.

기억하라! 명강사의 조건이 청중에게 신뢰를 주고 그들을 변화시키는 것이 사실이긴 하지만, 최소한 믿으려는 시도라도 하려는 사람에게 의미가 있다는 사실을 말이다. 강의가 아무리 명강의라도, 책이 아무리 양서라도 불신하는 사람에게는 시간 낭비가 될 수도 있다.

이 책을 읽으면서 자신이 가진 독서능력이 변하지 않을 것이라는 생각이 든다면, 지금이라도 이 책을 덮고 마음가짐부터 바르게 잡는 게 중요하다.

독서의 목적을 명확히 하라

책은 '왜' 읽는 것일까? 이러한 의문의 해답, 즉 책을 읽는 목적을 명확히 아는 것만으로도 독서 속도를 50% 이상 끌어올릴 수 있다. 또한 집중력과 기억력 역시 동시에 향상시킬 수 있다. 사람들은 왜 책을 읽어야 하는지 구체적인 목적 없이 책을 대하는 편이다. '베스트셀러니까' '그저 눈에 띄니까' 같은 정도로는 절대 능률이 오를 수 없다. 따라서 이 책을 앞으로 어떻게 활용할지에 대한 목적의식을 부여하고, 집중해서 읽어야 한다. 즉 책을 읽는 명확한 목적이 있어야 성공적인 독서를 할 수 있다.

미혼인 어떤 남자가 매일 아침 출근길 지하철에서 마주치는 호감가는 여성이 있는데, 그 여성에게 데이트 신청을 하기로 결심했다고 치자. 무작정 그 여성에게 다가가 연락처를 물어보며 데이트 신청을 한다면 과연 성공할 확률이 몇 퍼센트나 될까. 무턱대고 데이트 신청을 하는 대신, 먼저 그녀가 애인은 있는지, 취향이나 관심사는 무엇인지를 살피고 가늠한 다음 신중하게 접근하면 성공 확률이 훨씬 높지 않을까.

독서에도 똑같은 원리가 적용된다. 무작정 책을 읽는 것이 아니라, 우선 목적을 명확히 하고 그 목적을 이루려는 동기부여를 확실히 할 때 효과가 있다.

일반적으로 책을 읽는 목적은 다음과 같다. 첫째 책에 있는 정보를 머릿속에 빠르게 입력하기 위해서, 둘째 책에 있는 정보를 통해 머릿속에 잠재되어 있는 지식을 일깨우기 위해서, 셋째 책에 있는 패턴을 통해 우리의 사고를 형성하는 사고 패턴을 찾기 위해서, 넷째 새로운 조합을 찾아내는 창의력과 직관력을 높이기 위해서 책을 읽는다. 그러나 가장 중요한 것은 자신만의 독서 목적을 찾아서 책을 읽어나가는 일이다.

독서의 목적을 분명히 정하면 어떤 면에서 좋을까. 첫째, 책을 선별할 수 있게 해준다. 필자는 "책을 고르는 순간, 무엇을 읽을 것인가는 결정된다"고 자주 이야기하곤 한다. 책을 고를 때, 우리는 자신도 모르게 그것을 읽는 목적을 생각하게 된다. 소설책을 살 때든, 전공서적을 살 때든 마찬가지다. 하지만 목적에 대해 깊이 생각하는 사람은 그렇게 많지 않다. 목적이 뚜렷할수록 더 정확히 고를 수 있다. 대형 서점에는 헤아릴 수 없이 많은 책이 있고, 유사한 주제의 책만 해도 수백 권에 달한다. 그러니 정확한 목적 없이 책을 고른다면 자신에게 최적의 도움을 주지 않을 수도 있지 않겠는가.

누군가에게 추천을 받은 책이 기대했던 것보다 내용이 좋지 않다고 느낀 경험이 있을 것이다. 필자는 보편적인 양서가 존재한다는 데 동의하지만, 그렇다고 어떤 책이 양서라는 이유로 모든 사람에게 좋은 책이라고 생각하지는 않는다. 자신에게 가장 적합한 책을 만나면 책 읽는 시간이 줄어드는 반면, 독서의 성과는 커진다. 따라서 책을 읽는 목적이 무엇인지, 용도가 무엇인지를 분명히, 구체적으로 생각해보고 나서 고르는 것이 좋다.

둘째, 책을 통해서 해야 할 일이 분명하면 읽어야 할지 말아야 할지 알 수 있다. 현대인들에게 시간은 돈보다 더 귀한 자원이 되었다. 하고 싶은 일을 하지 못하는 대부분의 변명은 '시간이 없어서'이고, 결과를 제대로 내지 못했거나 일의 결과가 아쉬울 때 갖는 생각의 대부분도 '시간이 좀더 있었더라면'이다. 그 원인이 좋은 책을 고르지 못했기 때문이거나 자신이 산 책이 적합하지 않았기 때문이라면 얼마나 아쉽겠는가. 물론 '교환·환불하거나 중고로 팔아버리면 그만이지'라고 생각하겠지만, 실제로 그것을 실행하는 경우는 많지 않다. 필자가 만난 사람들 대부분은 시간이 부족하거나 가까운 슈퍼마켓에 가는 것도 귀찮아하는 사람들이었다. 물론 필자도 예외는 아니다. 목적이 분명하면 시간과 돈을 아낄 수 있다.

셋째, 목적이 분명하면 책의 내용을 우선순위에 따라 구분할 수 있게 해준다. 시간이 부족하고 내용 중 일부만 필요하다면, 굳이 전체를 읽을 필요없이 차례를 참조해서 선택적으로 보는 것이 더 효과적이다. 책 자체가 사전이나 수험서인 경우도, 일반 책과는 다르게 봐야 한다.

마지막으로, 책의 내용에 집중할 수 있게 해주며 궁극적으로 기억이 오래가게 해준다. 따라서 독서의 목적이 강할수록 독서의 속도뿐만 아니라 이해력, 기억력도 훨씬 높아진다.

반복해서 읽는 습관을 길러라

책을 읽을 시간도 없고 장소도 마땅치 않다고 하는 사람들이 많다. 하지만 이들의 주장은 한낱 핑계에 불과하다. 나폴레옹은 전쟁터에서도 괴테의 《젊은 베르테르의 슬픔》을 지니고 다니며 탐독했고, 단재 신채호는 1928년 겨울, 중국 뤼순 감옥에 면회 온 기자에게 음식 걱정은 없으니 다만 책을 넣어달라고 부탁했다. 또한 송나라의 구양수는 책을 읽기에 가장 좋은 장소는 침상, 말안장, 화장실이라며, 책을 읽고자 하는 뜻이 진실하다면 장소는 문제될 것이 없다고 했다. 이러한 일화들은 책을 읽는 것은 습관의 문제이지 시간이나 환경의 문제가 아님을 여실히 보여준다.

또한 책을 가까이하는 습관과 더불어 중요한 것은 책을 읽고 난 뒤 서지 사항만이라도 정리해두는 습관을 길러야 한다는 것이다. 책의 내용을 완전히 자신의 것으로 만드는 데는 내용 정리만큼 효과적인 방법이 없다. 다음 두 사람의 독서습관은 자타가 공인하는 훌륭한 방법이라고 여겨진다.

"Bridge Over Troubled Water"로 우리에게도 잘 알려진 미국의 전설적인 남성 듀오 사이먼 앤 가펑클의 멤버인 아트 가펑클은 독서광으로 유명하다. 그는 자신의 홈페이지에 1968년부터 최근까지 읽은 만만치 않은 분량의 책 리스트를 연월 순으로 정리해놓았다.

일본의 저명한 한학자 오야나기 시게타(小柳司氣太)는 '책을 산다, 읽는다, 쓴다'를 신조로 삼았다고 한다. 그는 책을 구입하면 반드시 읽었고, 읽고 나면 반드시 그 책의 주제와 관련한 글을 썼다.

꼭 이들과 똑같은 독서습관을 가지라는 것은 아니다. 다만 좋은 독서습관은 패턴리딩의 효과를 배가시킬 수 있으며 책이 가지고 있는 정보와 철학을 더 잘 이해할 수 있도록 해준다. 끝으로 후한의 학자 동우(董遇)의 다음 일화는 독서에 임하는 사람의 자세가 어떠해야 하는지 우리에게 잘 가르쳐준다.

후한의 마지막 황제인 헌제(獻帝) 때의 학자 동우는 유달리 학문을 좋아해 어디를 가든 항상 책을 가지고 다니며 공부했다. 동우에 관한 이야기는 어느새 황제에까지 전해졌다. 학문에 관심이 많던 헌제는 동우의 학자다운 면모에 반하여 그를 황문시랑(黃門侍郎)으로 임명하고 경서를 가르치도록 했다. 동우의 명성이 서서히 알려지면서, 세간에는 그의 문하에 들어와 제자가 되기를 열망하는 사람들이 많아졌다. 그러나 동우는 제자가 되기를 원한다고 해서 아무나 제자로 받아들이지는 않았다. 그는 항상 이렇게 말했다.

"먼저 책을 백 번 읽어라. 백 번 읽으면 그 의미를 저절로 알게 될 것이다."

그렇지만 어떤 이는 동우의 말을 이해하면서도 볼멘소리로 말했다.

"책을 백 번이나 읽을 만한 여유는 없습니다."

그러자 동우는 말했다.

"세 가지 여분을 갖고 해라."

"세 가지 여분이 무엇입니까?"

"세 가지 여분이란 겨울, 밤, 비 오는 때를 말한다. 겨울은 한 해의 여분이고, 밤은 하루의 여분이며, 비 오는 때는 한때의 여분이다. 그러니 이 여분을 이용하여 학문에 정진하면 된다."

그렇다면 '과연 책을 몇 번이나 읽어야 이러한 목적들을 달성할 수 있을까' 라는 의문이 생길 것이다. 그 의문에 대한 정답은 목적에 따라 다양한 방식으로 여러 번 읽어야 한다는 것이다. 모든 사고는 최소한 6번을 들어야 겨우 62%가 기억된다고 하는데, 이는 여러 번 읽을 필요성을 잘 보여준다.

기억과 학습연구 분야에서 크게 공헌한 독일의 심리학자 헤르만 에빙하우스(Hermann Ebbinghaus)는 16년간의 실험을 통해 인간의 기억은 시간의 제곱에 반비례하며 기억된 문장의 양은 시간이 지남에 따라 급격하게 감소한다는 점을 보여주었다. 에빙하우스의 실험 결과에 따르면, 인간은 기억한 것의 대략 반은 불과 1시간 내에 잊어버리고, 하루 만에 약 70% 그리고 1개월 만에 약 80%를 잊어버린다.

유명한 에빙하우스의 망각곡선 그래프에서 확인할 수 있듯이, 에빙하우스의 실험 결과를 보면 인간의 망각은 오히려 당연해 보인다. 하지만 우리는 에빙하우스의 결과를 뒤집어 생각해볼 필요가 있다. 즉 인간은 1개월이 지나도 무의미한 것까지 포함해서 약 20%를 기억한다는 사실이다. 이 20%의 기억을 60~80%로 높일 수는 없을까. 아니면 기왕이면 그 20%를 목적에 맞는, 중요한 것만 남길 수는 없을까. 만약 그것이 가능하다면 우리는 '기억에 대한 고민'에서 해방될 수 있다.

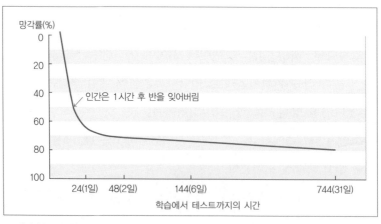

■ 에빙하우스의 망각곡선

에빙하우스는 여러 실험으로 반복의 효과, 즉 같은 횟수라면 '한 번 종합하여 반복하는 것' 보다 '일정 시간의 범위에 분산 반복' 하는 편이 훨씬 더 기억에 효과적이라고 했다. 이는 우리가 '기억하기 위한 환경 만들기' 로 자기 자신을 이끌어갈 필요가 있다는 점을 알려준다.

독서의 목적과 독서능력의 상관관계를 살펴보면, 독서에서 목적의식이 얼마나 중요한지 알 수 있다. 패턴리딩을 통해 우리는 1시간에 약 6번 정도 책을 '보게' 된다. 이를 통해 책의 내용을 반복적으로 습득하게 되고, 오래 기억할 수 있는 효과를 보게 된다.

책을 읽기 전에 환경 조성과 사전 준비를 철저히 하라

누구나 자기만의 독서습관이 하나쯤은 있을 것이다. 예스24, 인터넷 교보문고, 알라딘 등 온라인 서점을 통해 업무 관련 책을 제외하고 순수 도서를 연 200권 이상 구입하는 책벌레 4인방에 관한 이야기가 화제가 된 적이 있다. 20대 만화광 이근우 씨, 30대 고교 교사 최혜리 씨, 40대 기업가 노창준 씨, 50대 회사원 이현수 씨가 주인공들로, 공교롭게도 연령층과 독서취향이 각양각색이었다. 몇 년 전 이야기지만, 이 시대 독서광들의 면모를 엿볼 수 있다는 점에서 그들의 이야기를 들어보자.

기업가 노창준 씨는 책에 메모할 때 꼭 연필을 사용한다. 밑줄을 긋거나 메모를 적을 때 그리고 나중에 다시 볼 때 연필의 아련한 느낌을 즐길 수 있기 때문이다. 만화광 이근우 씨는 만화책을 보다가 마음에 드는 대사나 장면이 나오면 디지털카메라로 찍어두었다가 미니홈피에서 하고 싶은 말 대신 사용한다. 회사원 이현수 씨는 책을 사는 즉시 날짜, 구입처, 이름을 적어둔다. 또 형광펜으로 밑줄을 긋고 포스트잇을 붙이는 등 책에 흔적 남기기를 주저하지 않는다. 반면, 교사 최혜리 씨는 책에 흔적이 남거나 지저분해지는 걸 못 보는 성격이라 메모를 하지 않는 것은 물론 책장을 접지도 않는다. 책을 펼친 채 뒤집어놓는 게 가장 싫어서 남편이 책을 그렇게 벌려놓으면 반드시 두꺼운 책으로 눌러 원상복구시킬 정도다.

이들 독서광처럼, 책을 읽기 전에 그리고 책을 읽으면서 자기만의 습관과 의식을 가지는 것도 좋다. 예를 들어 읽어야 할 책이 눈앞에 놓이면 속지 첫 장에 포스트잇을 붙이는 것도 방법이다. 이는 읽을 준비가 됐다는, 일종의 자기만의 의식을 만들어두는 것이다. 의식적으로 환경을 조성하면 독서에 더욱 집중할 수 있고, 풍부한 아이디어를 떠올릴 수 있다.

다독, 다작, 다상량

한때 논술 열풍이 불면서 독서능력의 중요성이 부각된 바 있지만, 엄밀히 말해 논술능력을 키우려면 많이 읽는 것 이상으로 쓰는 훈련과 생각하는 훈련을 병행해야 효과가 있다. 적어도 1년 이상 꾸준히 노력하다 보면, 어느 순간 잘 읽고 잘 쓰며 멋진 생각으로 무장된 자신을 발견하게 될 것이다.

패턴리딩에서 독서의 목적을 강조하는 이유는 무엇일까

한국인들은 문학책, 실용서, 인문사회과학서, 교양서 등 분야를 통틀어 매월 1권 정도의 책을 읽을 뿐이다. 대학생 가운데 80%는 전공서적을 한 번도 읽지 않고 시험을 치르는 형편이다. 많은 책을 읽을 수 있다면, 그리고 그 책들 중에서 좋은 책이 섞여 있다면 충분한 간접경험을 할 수 있다. 하지만 대부분은 충분한 시간이 없고, 생성되는 정보의 양에 비해 읽을 수 있는 독서량에도 한계가 있다. 따라서 목적의식이 강하면 좋은 책을 신중하게 고를 수 있고, 선택한 책의 내용을 깊게 이해하는 데 아주 큰 영향을 미친다. 독서의 목적을 강조하는 것은 바로 그 때문이다.

책과 독서에 대한 오해와 편견을 버려라

이 장에서 우리는 패턴리딩을 본격적으로 익히기 전에 갖춰야 할 자세를 여러 가지 살펴보았다. 그중에서 무엇보다 먼저 해야 할 것은 책과 독서에 관한 오해와 편견을 버리는 것이다. 복습 차원에서 앞서 언급된 핵심을 정리하면 다음과 같다.

편견 1 나는 책을 빨리 읽는 스타일이 아니다. 그래서 책을 빨리 읽을 수 없다.

→ 누구나 마음가짐, 집중력, 간단한 훈련만으로도 빠른 독서를 할 수 있다. 빨리 읽는 것은 스타일의 문제라기보다는 훈련과 습관의 문제다.

편견 2 '속독'하면 '정독'할 수 없다.

→ 속독과 정독은 상호 대치되는 개념이 아니다. 분당 2,000단어까지는 속독하면서 정독할 수 있다. 적당한 속독은 집중력을 증대시켜 오히려 정독을 가능하게 한다.

편견 3 무조건 빨리 읽는 것이 효과적이다.

→ 독서의 목적에 따라 다르다. 휴양지에서 시집을 읽으면서 속독을 고집할 필요는 없다. 느긋하게 즐기면 된다.

편견 4 수학, 공학을 다룬 책에서는 속독이나 패턴리딩이 불가능하다.

→ 독서법은 책의 성격보다는 독서의 목적에 따라 선택해야 한다. 구조

를 파악하거나 특정 부분을 선택하여 읽기에는 패턴리딩이 적합하다.
지식을 기술하는 부분은 패턴리딩을 활용하고, 실습이 필요한 예제는
따로 학습하는 방법도 좋다.

편견 5 효과적인 독서법이 있다는 사실을 믿을 수 없다.

→ 수많은 사람들이 효과적인 독서법의 혜택을 누리며 성장하고 있다.
이런 태도는 독서법에 대한 불신이 아니라 자기발전에 대한 불신이다.

편견 6 독서는 신성하다.

→ 책이나 독서를 숭배할 필요는 없다. 독서는 실용적인 도구이자 오락
거리이기도 하다.

편견 7 모두가 인정하는 좋은 책을 선택해야 한다.

→ 무조건적인 양서는 없다. 자신의 목적에 맞는 책이 좋은 책이다.

편견 8 처음부터 끝까지 끈기 있게 정독해야 한다.

→ 자신의 독서 목적에 맞는 특정 부분만 읽어도 훌륭한 독서가 된다.

편견 9 한 번을 읽더라도 시간을 들여, 꼼꼼히 읽는 것이 좋다.

→ 독서 시간과 정독 여부는 아무런 관련이 없다. 패턴을 파악하며 여러
번 빨리 읽는 것이 높은 학습 효과를 나타낸다. 6번 정도가 이상적이다.

**편견 10 조용한 장소에서 시간적 여유를 갖고 차분히 읽는 것이 이상적
인 독서다.**

→ 모두에게 좋은 독서환경은 없다. 사람의 습관, 개성, 독서 목적에 따
라 다르다.

패턴리딩의 실전 단계

예비 단계

먼저 예비 단계에서는 패턴리딩의 개요와 패턴리딩으로 전환하기 위한 7가지 조건을 숙지해야 한다. 필자는 다른 사람들과 똑같이 살기 싫어서 패턴리딩을 시작했다. 패턴리딩을 하려면 이와 같이 분명한 목적의식이 있어야 하고, 구매와 선택에 있어서는 아는 내용이 절반 이상인 책을 골라야 한다(아는 내용이 70% 정도면 좋다). 그리고 내가 책을 읽을 수 있는 환경을 갖춰서 습관적으로 읽을 수 있어야 한다. 패턴리딩은 실용서적 독서를 중심으로 하기 때문에 책 한 권을 1시간에서 1시간 30분 안에 읽을 수 있어야 한다.

패턴리딩에서 중요하게 생각하는 것 중의 하나는 의심할 여지없이 스피드다. 물론 패턴리딩은 빨리 읽는 것만을 전부로 하지 않는다. 그렇다고 '경우에 따라서' 속독을 적용하라는 것도 아니다. 속독은 필수 과정이다. 정리하면 패턴리딩은 책을 읽을 때 빨리 읽는게 필요하다는 것을 염두에 둔다고 생각하는 것이 좋다. 그럼 책을 빨리 읽기 위해서는 어떤 것들이 필요할까. 바로 기억력, 이해력, 집중력이다. 이 세 가지가 부족하면 속독은 불가능하며 이는 패턴리딩도 마찬가지다.

패턴리딩의 기술과 방법에 있어서 창의력을 필요로 할 때는 기본 단계인 파워업 프로세스의 방법을 쓰고, 빠르게 읽을 때는 발전 단계인 스피드업 프로세스의 방법을 쓴다. 물론 두 가지는 서로 다른 것이 아니라 상호보완적인 프로세스다. 빠르게 읽으면서 창의력을 발휘하고 필요한 정보를 취득하는 단계까지 발전해야 한다는 것이다. 그렇게 할 수 있다면 자신이 패턴리딩을 통해서 얻고자 하는 목적을 달성하고, 필요한 지식의 분량을 충분히 습득할 수 있을 것이다. 끝으로 그렇게 습득한 지식을 주변 사람들에게 알리고 활동해야 한다.

기존의 잘못된 독서법에서 패턴리딩으로의 전환을 위한 7가지 조건의 구체적인 내용을 살펴보면 다음과 같다. 다음의 7가지 조건을 충분히 숙지하고 다음 단계로 넘어가야 한다.

태도와 목표
성공하고 싶은 사람들은 실제로 책을 몇 권 읽는지에 관계없이 대부분 '독서를 해야 한다'는 강박관념에 시달린다. 여기에는 환경적인 영향이 크다. 성공한 사람들의 인터뷰를 보면, 남녀노소, 지위고하를 막론하고 책의 중요성을 강조한다. 유명한 정치인부터 기업가, 샐러리맨, 세일즈맨, 사회운동가에 이르기까지 수많은 사람들이 독서를 하라고 말한다. 또한 40년 전이나 지금이나 부모는 아이들에게 책을 읽히려 한다. 책을 많이 읽는 아이는 칭찬을 받으며 자란다. 그러다 보니 우리는 자연스럽게 책을 많이 읽는 것이 좋은 것이라는 생각을 무의식적으로 하게 되는 것이다.

하지만 '독서를 왜 해야 하는지'에 대해서는 생각하는 사람들이 별로 없다. 그렇기 때문에 독서는 당장의 시험이나 처리해야 할 업무 등 여러 가지 '급한 일'에 우선순위를 빼앗긴다. 책을 읽긴 해야겠는데, 실제로는 잘 읽지는 않게 되는 것이다. 심리학적으로 특정 행동을 해야 하는 이유를 아는 사람은 알지 못하는 사람보다 그 행동을 할 확률이 훨씬 높다. 우리가 독서를 잘 하기 위해서는 우선 독서를 해야 하는 이유를 스스로 이해해야 한다. 독서를 잘하고 싶다면, 독서를 하려는 이유를 먼저 찾을 필요가 있다.

독서를 해야 하는 이유는 개개인마다 조금씩 다르겠지만, 현대 비즈니스맨들의 독서에는 공통된 이유가 있다. 독서는 성공을 위한 수단이라는 것이다. 이러한 독서의 태도에는 한 가지가 아닌 여러 가지 요인들이 중첩되어 있을 수도 있다. 목적이 있는 책 읽기는 치열한 독서를 가능하게 해준다. 손정의 소프트뱅크 회장은 20대 중반에

치명적인 병에 걸린 적이 있다. 보통 병에 걸리면 병상에서 좌절하며 누워 있거나 텔레비전을 보며 허송세월을 보내게 된다. 그러나 손정의는 달랐다. 그에게는 19살에 세운 '인생 50년 계획'이라는 목표가 있었기 때문이다. 20대에는 먼저 세상에 이름을 떨치고, 30대에는 1천억 엔의 사업자금을 마련하며, 40대에는 사업에서 1~2조 엔을 벌고, 50대에는 연매출 1조 엔을 달성하여, 60대에는 다음 세대에게 사업을 물려주겠다는 내용이었다. 그는 이런 확고한 목표가 있었기에, 오히려 병이라는 위기를 기회로 삼고 4,000권의 독서를 하며 경영철학을 만들어냈다.

무엇을 위해 책을 읽으려는지 그 목적을 먼저 명확하게 하는 것은 훌륭한 독서의 첫걸음이다. 그리고 독서를 하는 목적이 강할수록, 독서의 속도뿐만 아니라 독서의 이해능력과 기억력도 함께 높아진다.

선택과 구매

'사람은 책을 만들고 책은 사람을 만든다'는 어느 서점의 유명한 표어처럼, 어떤 책을 읽느냐에 따라서 한 사람의 인생이 바뀌기도 한다. 그런데 책은 매일같이 쏟아져 나오는 데 반해 우리에게는 하루 24시간이라는 한정된 시간만이 주어질 뿐이다. 따라서 읽을 수 있는 책은 한정되어 있으며, 제한된 시간에 어떤 책을 읽을지 선택하는 것은 매우 중요한 문제다.

또한 책 선정은 독서를 수월하게 진행하기 위한 전제조건 중 하나다. 사람은 자신에게 필요한 자료를 찾을 때 뇌가 깨어나기 시작한다. 정신이 또렷해지고, 에너지가 충만해지면서 피로감도 잘 느끼지 못한다. 그럴 때 당연히 성취감도 커지게 된다. 단지 베스트셀러라는 이유로 구입한 책은 눈(見)으로 읽을 뿐이지만, 내게 필요하고 나를 흔드는 책은 눈과 마음(觀)으로 읽게 된다.

알맞은 책을 선정하기 위해서는 그에 앞서 자신을 들여다보는 시간이 필요하다. 자신이 가장 잘할 수 있는 일을 찾아보거나 관심 있는 분야가 무엇인지 등을 점검한다면 보다 효과적인 책 읽기를 할 수 있다.

책을 선택하는 데 있어 또 하나 고려해야 할 사항은 적합성이다. 수학을 배우지 않은 초등학생에게 미적분을 가르치면, 이해를 못할 뿐더러 수학에 대한 흥미마저 잃어버리게 된다. 반대로 수학 박사과정을 마친 교수에게 고등학교 미적분을 가르치는 것 역시 마찬가지다. 따라서 자신의 수준에 맞지 않는 책은 읽기 힘들 뿐만 아니라 독서에 대한 관심까지도 떨어뜨릴 수 있다. 잘 모르는 분야라면, 청소년을 위해 집필된 도서부터 읽어보는 것이 좋다. 차근차근 밟아나가는 독서는 기본기를 탄탄하게 해줄 테니 말이다.

책은 얼마나 구입하는 것이 좋을까. 매월 10만 원 이상의 금액을 투자하여, 읽고자 하는 책의 2~3배수 정도를 구입하는 것이 좋다. 사람의 행동은 동기의 지배를 받고, 동기는 감정에 많은 영향을 받

패턴 리딩

는다. A라는 책을 읽고 싶어 샀는데, 막상 책을 읽으려고 하면 왠지 잘 안 읽히는 경우가 있다. 그럴 때 바로 B라는 책을 뽑아서 읽을 수 있도록 만반의 준비를 하는 것이다. 즉, 나에게 책을 읽지 못하는 핑계의 여지를 주지 않는 것이다. 책장이 채워지는 모습을 보면서 느껴지는 뿌듯한 감정은 보너스다.

그러기 위해서는 일단 책을 많이 사야 한다. 책을 구입하는 돈을 아까워해서는 안 된다. 이는 소비가 아닌 투자이기 때문이다.

취업 포털 사이트 '커리어'가 직장인 761명을 대상으로 '2010년 새해에 가장 하고 싶은 일'에 대하여 설문조사를 진행한 결과, 응답자의 56.2%가 자기계발을 하겠다고 대답했다. 그중 54.1%는 계획을 실현하기 위해 구체적 실행 방안까지 이미 세워둔 것으로 조사되었다.

책은 가장 저렴하면서 효과적인 자기계발 방법이다. 보통 2시간 세미나나 특강이 최소 1~5만 원을 웃돌고, 8시간 워크숍의 경우에는 10만 원을 훌쩍 뛰어넘는 경우도 많다. 그렇지만 책은 통상적으로 한 권에 1~3만 원 정도 한다. 저렴하지만 그 안에는 저자가 짧게는 수개월에서 길게는 수년 동안 연구한 결과가 일목요연하게 정리되어 있다. 게다가 시간의 제한도 없고, 원하는 부분을 반복해서 읽을 수도 있다. 자신에게 맞는 맞춤식 공부가 가능한 셈이다.

사람들은 도서 구입비를 아깝다고 생각할지 모르지만, 술 한잔 줄이면 책 한 권을 살 수 있다. 몸과 마음의 건강을 지키고 역량까지 향상시킬 수 있는 일석삼조의 효과를 얻을 수 있는 것이다. 독서는 비용 대비 효과 측면에서 가장 효과적인 자기계발, 자아투자 수단이다.

환경과 습관

영화는 극장에서 보아야 제맛이고 스포츠 경기는 TV가 아니라 경기장에서 볼 때 제맛이다. 또 자동차는 국도보다 고속도로에서 스피드를 제대로 느낄 수 있으며, 수영은 목욕탕보다 바다에서 할 때 훨씬 즐겁게 마련이다. 이처럼 장소에 따라 활동의 효과는 달라진다. 독서 역시 예외는 아니다. 어디에서 책을 읽느냐에 따라서 더 잘 읽히는 경우가 있게 마련이다.

세상에는 다양한 독서환경이 존재한다. 근사하게 꾸며진 화장실, 반신욕 욕조, 조용한 산책길의 벤치, 출퇴근 지하철, 번듯한 서재 등 책이 더 잘 읽히는 공간은 사람마다 다르다. '내겐 그런 공간이 없는데…' 라는 생각이 들어도 걱정하지 말자. 분명 자신에게도 책이 잘 읽히는, 잘 맞는 공간이 있을 테니까.

특정한 공간을 장시간 독서가 가능한 자신만의 공간으로 만들면, 독서 능률은 더 높아진다. 그 공간을 접할 때마다 자연스럽게 책을 읽게 될 것이기 때문이다. 집중력도 향상됨은 물론이다. 추천하는 독서 공간으로는 집의 서재나 작은 방, 출퇴근 지하철 등이 있다. 정해진 곳에서 꾸준히 독서를 하면 독서의 습관화에도 도움이 된다.

독서 의식(儀式)을 가지는 것도 중요하다. 의식은 어떤 일에 가치를 더하고 이후의 행동에 동기부여를 해준다. 가령 입학식, 취임식, 결혼식, 졸업식, 이임식, 성년식 등은 과거를 되돌아보고 마음가짐을 다잡는 계기가 된다.

독서 의식 역시 독서의 시작과 끝을 알리는 행위다. 여느 의식들과 마찬가지로 독서 의식의 큰 장점은 '책을 읽고 싶은 마음이 생기게 한다'는 것이다. 그냥 책장을 바로 펼치는 대신 독서 의식을 행하면, 책에 대하여 한 번 더 생각해보고 마음을 가다듬음으로써 책에 더욱 몰입할 수 있게 된다.

물론 정해진 독서 의식은 없다. 자신에게 적합한 방법을 찾으면 된다. 부담 없이 하는 것이 가장 중요하다. 그래도 혹시 전혀 감을 못 잡는 사람들을 위한 가이드라인을 소개하면 다음과 같다.

우선 읽고 싶은 책이 배달되어오면, 설렘을 안고 책 탐색전에 돌입한다. 저자가 집필하는 장면을 상상해보기도 하고, 출판사에서 얼마나 공들여 편집하고 디자인했을까 상상하며 표지도 살펴보고, 책을 펼쳐 새 책 특유의 냄새도 맡아보고, 책상에 앉아 읽을지 이동 중에 읽을지 생각하며, 온몸의 세포들이 책을 탐색할 수 있도록 이리저리 살펴본다.

그리고 책을 읽기에 앞서, 마음을 통해 먼저 책을 그려본다. 과연이 안에는 어떤 내용이 있을까, 한 권의 책이 나를 얼마나 놀라게 할까, 보고 싶은 것은 무엇이고, 알아야 하는 것은 무엇인가, 나는 무슨 이유로 이 책을 선택하게 되었나 등을 곰곰이 떠올려 본다. 이러한 과정을 거치면 책에서 필요한 내용을 빠른 시간 안에 찾고 활용하는 데도 많은 도움이 된다.

다음으로 책의 첫 장을 넘겨 다양한 크기와 색깔의 포스트잇을 넉넉히 붙이는 것이다. 가장 큰 포스트잇은 처음 읽는 날짜, 책의 전체 페이지 수, 읽은 시간 등을 기록하는 용도로 사용한다. 작은 사이즈의 포스트잇은 책을 읽는 도중에 중요한 부분이나 다시 읽고 싶은 내용에 표시를 한다. 책을 읽다가 다른 노트에 필기를 하면 읽기의 흐름이 끊어지기 때문에, 독서를 하는 동안에는 포스트잇으로 표시를 하고 독서가 끝난 뒤 정리하는 것을 추천한다.

이와 같은 작은 의식들은 시간이 흐른 뒤 다시 책을 펼쳤을 때 앞면만 봐도 언제 읽었는지 무슨 내용이 있는지 금방 머릿속에서 출력해주는 효과가 있다. 독서 의식을 반복하면 독서의 생활화에도 도움이 된다.

독서를 습관화하려면 어떻게 해야 할까. 물을 마시는 것처럼 하면 어떨까. 하루에 1.5리터 이상씩 물을 마시는 게 건강에 좋다는 사실을 모르는 사람은 거의 없다. 그런데 이를 습관화하기 위해서는 약간의 노력이 필요하다. 예를 들어 500ml 물통을 가지고 다니면서 눈에 띄는 곳에 놓아두면 물을 마셔야겠다는 생각이 들어 하루에 3통, 즉 1.5리터 이상의 물을 마시는 게 가능해진다.

독서도 마찬가지다. 책 읽기를 습관화하는 게 좋다는 사실은 누구나 알지만 실천하기란 쉽지 않다. 따라서 주 1회는 서점을 방문하고, 가방이나 핸드백에 항상 책을 넣어 다니는 습관을 가지는 것이 중요하다. 책이 가까이 있으면 아무래도 한 번이라도 더 펴보게 되어 있다. 화장실 변기 위에 책을 몇 권 쌓아두거나, 침대 머리맡에 놓아두면서 언제 어디서든 쉽게 책을 펼쳐볼 수 있도록 가까이에 두는 게 중요하다.

독서에 습관이 붙으면 애써 독서를 하려고 노력하지 않아도 시간이 날 때마다 자연스럽게 책을 손에 들게 된다. 어떤 애독가는 글자만 보이면 전단지, 쪽지, 쓰레기까지 가리지 않고 읽게 된다고 호소하기도 한다. 독서가 습관화되면 훨씬 편하고 자연스럽게 지식을 축적할 수 있다.

시간과 계획

어떤 일이든 계획을 잘 세우면 습관화가 된다. 습관이 익숙해지면 탁월함이 된다. 따라서 플래닝은 실행 못지않게 중요하다.

사람이 해야 하거나 하고 싶은 일은 수없이 많은 반면, 하루는 24시간으로 정해져 있다. 따라서 언제나 선택을 해야 하고, 그 기준은 주로 '우선순위'에 의해 결정된다. 우선순위는 보통 네 영역으로 나뉘는데, 중요하면서 급한 일(A영역), 중요하지만 급하지 않은 일(B영역), 중요하지 않지만 급한 일(C영역), 중요하지 않으면서 급하지도 않은 일(D영역)로 구분할 수 있다. 대부분의 사람들은 A, C영역에 많은 시간을 쏟으면서 효과가 바로 보이지 않는 B영역에 소홀한 경향이 있다.

하지만 독서활동과 같은 B영역이야말로 미래를 위해 투자하는 시간이다. 특히 지식 투자는, 물을 주면 다 빠져나가는 것 같지만 어느 순간 훌쩍 자라 있는 콩나물과 같다. 따라서 특별히 신경을 써서 관리해야 하며, 다른 계획을 세우기에 앞서 독서에 적합한 시간을 30분 이상 확보하는 것이 중요하다. 바쁜 직장인이라면, 가족들보다 30분 일찍 일어나 방해받지 않는 공간에서 책을 읽는 것도 방법이다. 그렇게 하면 아침을 30분 일찍 열었다는 성취감도 덤으로 얻을 수 있다.

독서에는 데드라인이 필요하다. 학창시절 시험을 앞두고 얼마 안 되는 시간에 다급하게 훑어본 것이 시험 문제를 푸는 데 큰 도움이 된 기억이 있을 것이다. 마감을 앞둔 상황에서 짧은 시간에 큰 성과를 올리게 된다는 마감효과란 말처럼, 사람은 데드라인 앞에서 놀라운 괴력을 발휘하게 된다.

책은 되도록 60~90분 이내에 독파하는 편이 좋다. 이렇게 짧은 시간 안에 책을 독파하는 가장 큰 이유는 다독(多讀)을 위함이다. 다독은 보통 많은 책을 읽는 것을 뜻하지만, 같은 책을 여러 번 읽는 것을 뜻하기도 한다. 사람의 뇌는 생각보다 순간대처 능력이 우수하기 때문에 산만함을 우려할 필요는 없다. 읽고 있던 책이 지겨울 경우에는 기분에 따라 여러 번 책을 바꿔서 읽어도 무방하다. 한 권을 끝까지 읽는 것보다는 일정한 독서시간을 유지하는 것이 더 중요하기 때문이다.

어떤 분야를 처음 접한다면, 독서 시간의 효율성을 높이기 위해 다른 도구(매체)를 활용하여 배경지식을 먼저 쌓는 것도 좋다. 책은 흥미보다는 전문적이고 체계적인 쪽에 초점이 맞춰져 있다. 반면 강의, 잡지, 신문 등은 책보다 흥미유발 목적이 강하며, 추상적·일반적 내용보다 현실적·구체적인 것들을 다루기 때문에 접근성도 용이한 편이다. 아니면 청소년을 위한 책들로 배경지식을 쌓는 것도 훌륭한 방법 중 하나다.

다양한 매체를 통해 배경지식이라는 그물을 얼기설기 엮은 뒤, 전문도서를 통해 촘촘하게 그물망을 엮어가는 계획적 독서는 무조건 아무 책이나 읽는 것보다 훨씬 더 효율적인 독서를 가능하게 한다.

기술과 방법

독서법을 배움으로써 독서 속도를 2~4배 정도 앞당기게 되면 그만큼 시간적 여유가 생긴다. 이는 시간관리 측면에서도 유용하다. 단, 제대로 된 독서법을 익혀야 한다. 잘못된 독서법에 물들면 비효율적인 독서로 나타나기 때문이다. '모르는 것보다 대충 아는 것이 더 위험하다'는 말이 있다. 독서법을 배워야 하는 것도 그런 이유 때문이다.

대부분의 사람들은 책을 속으로 소리 내어 읽는다. 이런 습관은 독서의 속도를 매우 떨어뜨린다. 시는 음악성이 가미되어 있으므로 한 자씩 음미해가며 읽는 것이 좋지만, 정보 습득을 위한 책은 경우가 다르다. 실용서 등은 책의 특성상 나무보다 숲이 중요하다고 볼 수 있다. 그런데 한 글자씩 읽기 시작하면 중요한 핵심 파악이 어려워지고, 독서 시간도 너무 오래 걸리게 된다.

즉, 책의 종류와 목적에 따라서 읽는 방법도 달리해야 한다. 이는 정독과 속독의 경우도 마찬가지다. 어떤 책은 꼼꼼하게 생각하며 읽는 정독을 사용해야 하며, 어떤 책은 빠르게 스킵하며 원하는 정보를 찾아내는 속독을 활용하는 편이 좋다. 이는 책의 특성과 독서의 목적에 따라서 적합한 독서법을 적용하면 된다.

책은 주제별, 저자별로 읽으면 좋다. 먼저 주제별 독서는 같은 주제 혹은 분야의 책을 연속적으로 읽는 것이다. 같은 주제의 책은 비슷한 내용이 반복되는 경우가 많다. 따라서 그 주제의 중요한 핵심을 파악하기 쉬우며, 집중적인 몰입의 시너지 효과로 인해 보다 심도 깊은 이해가 가능하다.

이렇게 어떤 분야의 책 100~150권을 읽으면 학사과정을 하나 밟는 것과 같은 효과가 있다. 보통 4년제 대학의 일반적인 과에 개설된 전공과목의 수는 약 25개 정도로, 한 과목당 수업 교재와 권장 참고도서는 2~3권 정도다. 하나의 전공에서 읽는 책을 모두 합하면 약 70~80권이 되며, 관련 교양서까지 합치면 대략 100여 권 된다. 여기서 50권 정도의 책을 더 읽으면 체계적인 강의를 듣지 못했다는 단점까지 보완할 수 있다.

또한 저자별로 읽는 것도 좋은 방법이다. 한 사람의 저서를 저술 순서대로 읽으면, 그 저자의 생각의 흐름까지도 파악할 수 있다.

지식과 분량

취업·경력관리 포털 '스카우트'가 대학생과 직장인 931명을 대상으로 설문조사를 진행한 결과, 성인 10명 중 6명은 한 달에 책을 한 권도 읽지 않는다고 조사되었다. 우선 한 달 기준 평균 독서량을 묻는 질문에 27.8%가 '거의 없다', 33.8%가 '1권'이라고 답해 성인 10명 중 6명은 한 달에 많아야 1권의 책을 읽는 것으로 나타났다. 2권을 꼽은 응답자는 15%, 3권은 8.3%, 4권은 6%에 그쳤다.

그렇다면 얼마나 많은 책을 읽어야 할까. 미국 하버드대 학생들은 졸업할 때까지 약 800권의 책을 읽는다고 한다. 성공한 사람들 역시 모두 엄청난 독서가다. 마이크로소프트의 빌 게이츠는 하버드대 재학시절 책벌레로 유명했으며, 소프트뱅크의 손정의 회장은 1년에 약 1,000권의 책을 읽는 것으로 알려져 있다. 미래에셋 박현주 회장은 자신이 얻은 지식의 90%는 책에서 얻은 것이라고 말하고, 민들레영토의 지승룡 대표는 3년간 2,000권의 책을 독파했다고 한다.

한국의 최고경영자들 중에도 책을 많이 읽는 사람이 많다. 대표적으로 LS그룹 구자홍 회장은 월 15권 이상, SK텔레콤 정만원 사장은 연 100권, 삼성SDS 김인 사장은 월 20권의 책을 읽는 것으로 알려져 있다.

그렇다면 현대 비즈니스맨에게 적절한 독서량은 얼마일까. 1주일에 2권 이상, 1년으로 치면 100여 권은 기본으로 읽어야 한다. 단 문학 분야나 취미 분야 등의 책은 제외한 수치다. 즉 경제경영, 인문, 사회과학 분야의 책만 매년 100여 권은 읽어야 한다는 말이다. 중요한 분야에 대해서는 집중적으로 50권 이상 읽고, 종합적으로 누적 독서량은 2,000권 이상이 필요하다.

적용과 활용

독서는 지금보다 (지적·실용적·감성적으로) 좀더 나아지기 위한 목적으로 한다. 따라서 독서는 단지 책을 읽는 데 머물러서는 안 되며, 책을 읽는 목적을 이룰 수 있도록 적용과 활용을 해야 한다.

고대 그리스의 철학자 소크라테스는 평생에 걸쳐 지행합일(知行合一)을 강조했다. 그는 알면 행동하지 않을 수 없으며, 진정한 앎은 반드시 행동으로 이어진다고 했다. 만약 알면서도 행동하지 않는다면 그것은 진정한 앎이라고 할 수 없다고 했다.

진정한 지식인이라면 단순히 아는 것을 자랑하는 데 그쳐서는 안 된다. 앎을 적용하고 활용해서 실천하는 것을 자부심으로 삼아야 한다.

독서를 효과적으로 활용하기 위해서는 우선 책을 읽은 뒤 바로 리뷰를 쓰는 습관을 들이도록 한다. 저자가 아니더라도 읽고 쓰는 것을 습관화하면, 독서법의 효과를 배가할 수 있다. 독서가 음식의 섭취라면, 자신의 생각을 정리해서 글을 쓰는 것은 소화과정과 같다. 위가 소화활동을 하면서 영양소를 온몸 구석구석으로 보내듯이, 리뷰를 쓰면서 책의 내용들을 다시 한 번 리마인드하고 생각해보면 지식은 확실히 내 것이 된다.

만약 리뷰를 쓸 때 무슨 말을 써야 할지 모르겠다면, 우선 책 제목과 차례부터 적어보자. 쓰다 보면 마음이 움직이고, 마음이 움직이면 행동하게 되어 있다. 그 후에 인상 깊은 구절, 느낀 점을 기록하면 된다. 인터넷 서점에 올라와 있는 다른 사람들의 리뷰나 파워 블로거들의 리뷰를 참고해도 좋다. 그렇게 리뷰 쓰기를 반복하다 보면 리뷰 쓰기가 그리 어렵지 않게 느껴질 것이다.

리뷰를 쓰는 데서 만족하지 않고, 읽은 내용을 주위에 알린다면 독서의 효과는 더욱 커진다. 북코치나 북멘토 같은 독서법 전문가가 되는 것이다. 앎의 단계에 따르면, '知(안다)' — '行(행동한다)' — '用(활용한다)' — '訓(가르친다)' — '評(평가한다)'의 순서로 발전한다고 한다. 단순한 덧셈이라도 아이들에게 제대로 가르치기 위해서는 정답을 넘어서 원리를 꿰고 있어야 한다. 이처럼 독서법 전문가가 되어 사람들을 가르치기 위해서는 더 많은 공부와 준비를 할 수밖에 없다. 결국 자연스럽게 나의 지력 역시 더욱 탄탄해질 것이다.

책 읽기의 효과를 더 높이기 위해 '함께하는 독서', 즉 팀리딩 (team reading)을 하는 것도 바람직하다. 소수의 인원이 모여 같은 책

혹은 다른 책을 읽고 함께 토의하면, 하나의 주제에 대해 서로 다른 생각을 확인함으로써 창의적인 생각이 연결되고 새로운 아이디어를 도출할 수 있다.

팀리딩을 활성화하기 위해서는 핵심 주제가 존재하는 것이 좋다. 물론 '독서 커뮤니티'라는 포괄적 주제도 괜찮지만, 좀더 밀도 높은 활동을 위해서는 '클로징을 잘하는 세일즈맨을 위한 독서 커뮤니티'와 같이 대상이나 주제를 세분화하는 편이 낫다. 예전과 달리 요즘엔 온라인을 통해 모임을 조직하고 운영하는 경우가 일반적인데, 인터넷 커뮤니티는 속성상 느슨한 연결로 인해 실제 구속력이 낮다는 약점을 안고 있다. 따라서 구성원 사이에 자발적인 끌림을 유도하려면 구성원이 공유하는 중심가치 혹은 관심사를 명확하게 수렴할 필요가 있다.

약한 연결이라는 지식 커뮤니티의 취약점을 보완하기 위해 다음과 같은 방법들을 고려해볼 필요도 있다.

첫째, 커뮤니티의 회칙을 제정하거나 내부 규칙을 정하고 이를 준수하도록 독려하는 것이다. 이를 위해서는 회칙의 제정 시 구성원들의 자발적인 참여와 준수를 유도해야만 한다.

둘째, 정기적·비정기적인 오프라인 만남을 계획한다. 온라인은 만남이 편리하다는 장점이 있지만 사람 사이의 관계와 교류에서 질적인 한계를 지니는 것도 사실이다. 사람은 물리적인 만남을 통해서 끈끈한 유대감과 정을 갖게 되며, 이 점은 시대가 아무리 바뀌어도 크게 달라지지 않는다. 도리어 온라인상에서 공통분모를 가진 사람이 실제 오프라인에서 만남으로써 유대감이 극대화될 수 있다.

셋째, 커뮤니티를 운영하는 시삽과 운영진의 의지와 노력이 절대적으로 중요하다. 소규모 인터넷 커뮤니티들은 사실상 시삽 한 사람의 의지와 역할에 의해 유지된다고 해도 과언이 아니며 다른 구성원들은 피동적 수혜자로 존재하고 있음을 유의해야 한다. 따라서 운영자가 열정과 에너지를 갖고 있느냐, 그런 열정과 에너지가 구성원들에게 제대로 전달되느냐의 여부가 커뮤니티의 존속과 발전에 매우 중요한 영향을 미친다.

마지막으로 커뮤니티의 지속적 발전을 위해서는 구성원의 참여가 대단히 중요하다. 때문에 구성원의 참여를 유도할 수 있는 수단을 만들어내야 한다. 피동적인 수혜자의 역할에는 한계가 있게 마련이며 각 구성원이 자신의 가치를 표현하고 적극적으로 참여하는 보람을 느낄 수 있도록 유도하는 것 역시 중요한 사안이다. 분석 자료에 따르면, 대규모 커뮤니티에서 은둔자(커뮤니티 정보를 읽지만 그 이상의 적극적인 참여는 하지 않는 구성원)가 99% 이상이라고 한다. 이런 은둔자들을 얌체족이라고 매도할 필요는 없다. 그런 성향은 인간의 속성 중 하나일 뿐이기 때문이다. 이들 역시 계기가 된다면 적극적으로 참여할 의사가 없는 것이 아니며, 점점 커뮤니티의 수가 증가하고 그에 따라 한 사람이 참여하는 커뮤니티 수도 많아지기 때문에 어쩔 수 없는 현상이기도 하다. 따라서 많은 사람들이 적극적으로 참여하지 않는다고 해서 낙담할 필요는 없으며, 참여를 유도할 수 있는 방안을 구상하는 편이 현실적이다.

7가지 조건과 독서의 3단계

독서는 '독서 전 단계' '독서 중 단계' '독서 후 단계'의 3단계로 나누어볼 수 있다. 여기서 알 수 있는 사실은 독서를 단순히 '눈으로 책의 글자를 읽는 순간'으로 국한하는 것은 너무 좁은 의미로 독서를 받아들이는 것이다. 독서는 책을 고르기 전부터 시작되며, 마지막 페이지를 덮었다고 해서 독서가 끝나는 것이 아니다. 읽은 내용을 지식으로 만들고 삶과 비즈니스에서 적용하는 것도 독서의 연속선상으로 보는 게 맞다. 독서는 독서 자체가 목적이 아닌, 지식을 습득하고 이를 활용함으로써 특정 목적을 달성하기 위한 수단이기 때문이다.

앞서 살펴본 7가지 조건 역시 독서의 3단계에 적용할 수 있다. 조건들 중 '태도와 목표' '선택과 구매' '환경과 습관' '시간과 계획'은 독서 전 단계에 해당한다. '기술과 방법'은 독서 중 단계에 속하며, '지식과 분량' '적용과 활용'은 독서 후 단계에 해당한다.

이처럼 패턴리딩으로 전환하기 위한 독서학습법의 7가지 조건은 독서하기의 일련의 과정을 보여준다. 독서는 책 읽는 목적을 설정하고 책을 고르기 시작하는 순간부터, 실제로 책을 읽는 과정을 거쳐, 우리 삶에 녹여내는 것까지를 의미한다는 점을 기억해두도록 하자.

기본 훈련 단계

패턴리딩은 원래 특별한 읽기 단계가 없다. 일단 숙련되면 특별한 단계를 따르지 않더라도 일정한 읽기 능력이 자연스럽게 발휘되기 때문이다. 하지만 훈련하는 과정에서는 어느 정도 정교한 학습 기술을 활용하면 시간은 줄어들고 효과는 극대화된다.

패턴리딩 훈련 과정에 5단계 학습(Step 1~5)을 적용한 결과, 훈련 성과가 약 30% 이상 향상되는 것으로 밝혀졌다. 또한 1일 워크숍 과정을 통해 패턴리딩을 교육할 경우, 교육 전에는 분당 독서능력이 150~200단어 정도밖에 안 되던 사람들이 교육이 끝날 때쯤에는 1,500~2,000단어 정도로 속도가 향상되는 것을 확인할 수 있었다. 패턴리딩은 현재까지 가장 짧은 시간에 가장 빠른 교육 효과를 보는 독서법, 일정 기간이 지나도 가장 효과적으로 훈련 성과가 남아 있는 독서법으로 잘 알려져 있다.

독서환경의 선택과 개선

앞서도 강조한 바 있지만, 패턴리딩은 다른 독서법과 달리 독서의 사전 준비 과정을 매우 중요시한다. 독서능력을 키우는 데 실패하는 원인 대부분이 사전에 독서환경 개선이 이루어지지 않은 채 독서법 훈련이 진행되는 데 기인하기 때문이다.

여러 교육생들을 만나보면, 즐겨 책 읽는 장소로 의외로 많은 비중을 차지하면서도 평소 잘 거론되지 않는 곳이 화장실이다. 화장실에 책을 갖다 두고서 '볼일'을 보는 동안 책을 읽으면 집중이 잘된다는 것이다. 책상을 일부러 화장실에 가져다놓고 공부하는 수험생을 TV 프로그램에서 본 적이 있을 정도니, 한국인들 가운데 화장실에서 즐겨 책 읽는 이들의 수가 수십만은 되지 않을까 생각된다.

책을 읽는 장소와 관련해 사람들은 크게 두 가지 타입으로 나뉜다. 이동 중에 책을 읽는 경우와 집에서 편안한 자세로 책을 읽는 경우다. 여기서 중요한 점은 과연 그 장소에 머무르는 시간이 하루 중 얼마나 되는가이다. 지하철에서 가장 책이 잘 읽히는 사람이 있다면, 하루 중 지하철 타는 시간을 한 달로 환산한 후 자신의 독서 속도로 나누면 자신이 매달 몇 권의 책을 읽을 수 있는지 아주 간단히 계산할 수 있다. 그 외의 장소에서도 책을 읽을 수 있지 않느냐고 반문할 수도 있겠지만, 집중력의 차이나 다른 곳에서도 읽을 현실적 가능성을 감안하면 그 밖의 장소에서 읽는 것은 무시해도 좋을 만큼 미약할 것이다. 필자 역시 지하철을 타면서 책을 많이 읽는 편인데, 한때는 3권의 책을 읽기 위해 일부러 목적지까지 돌아가는 지하철을 탄 적도 있다.

독서환경을 개선하기 위해 거실을 서재화하는 방안도 추천할 만하다. 거실을 'TV 보며 무의미하게 시간을 낭비하는 공간'이 아니라 '책 읽고 차 마시고 대화하는 공간'으로 바꾸려는 움직임이 점차 늘어나고 있다. 거실에서 TV를 치우고 책장을 들여놓는 수준을 넘어서 거실 인테리어를 아예 북카페 수준으로 바꾸는 가정도 있다. 거실을 서재화한 가정에서는 처음에는 어색했지만 습관적으로 리모콘을 쥐고 채널을 이리저리 돌리며 TV에 의존하던 굴레에서 벗어나 책을 읽고 차를 마시고 가족 간에 대화를 나누는 시간이 늘었다며 대체로 만족감을 표한다. 무엇보다 아이들이 책을 손에 쥐는 경우가 많아져서 흐뭇하다는 의견이 많다. 필자 역시 거실에 있는 텔레비전을 없애고 거실을 서재로 만들었다.

솔직히 고백하자면, 필자도 패턴리딩을 처음 시작할 때 독서를 위한 시간 관리에 어려움을 많이 느꼈다. 그래서 독서 시간에 관한 계획을 세웠다. 계획에는 세 가지 사항을 분명히 했다. 첫째, 한 시간에서 한 시간 반 내에 독서를 완료한다. 둘째, 매일 책 읽기에 적합한 시간을 30분 이상 확보한다. 셋째, 한 권을 한 번에 끝까지 읽기보다는, 일정 시간 책 읽는 시간을 유지하는 것을 우선시한다(그 시간 내에 여러 권을 읽어도 무방하다). 그렇게 계획한 것을 지키도록 스스로를 압박했고 좋은 성과를 거둘 수 있었다. 이와 같은 필자의 독서 시간 계획을 참고로 하여 독자 스스로 자신의 독서 시간 계획을 만들어 봐도 좋을 것 같다.

그럼, 각자 최적의 독서환경 조성을 위한 점검을 해보도록 하자. 다음 체크리스트 표를 보고, 독서 시간, 독서 장소, 준비물, 장애물 등에 관해 현재 상황과 개선 방향을 생각해보고 각자 기입해보자.

독서환경 체크리스트

구분	점검 사항	현재 상황	개선점
독서 시간	가용한 시간 중 독서 집중도가 가장 높은 시간은?	언제? …………… …………… 하루 중 　　시간　　분	독서 시간을 늘리는 방법.
독서 장소	가장 집중력 높은 독서가 가능한 장소는?	장소를 쓰시오(복수). …………… …………… …………… ……………	독서 장소 접근성을 높이는 방법. 독서 장소를 늘리는 방법.
준비물	독서 집중력과 효과를 높이기 위해 필요한 도구는?	복수로 쓰시오.	준비물의 휴대, 비치 방법.
장애물	독서 시간이나 독서 집중력을 방해하는 요소는?	복수로 쓰시오.	독서 장애물 제거 방법.

체크리스트를 작성하는 데 다소 어려움을 느낀다면, 다른 사람이 작성한 사례를 참고해서 나를 위한 최적의 독서환경을 구상해볼 수도 있을 것이다. 다음은 독서환경 체크리스트의 사례이다.

독서환경 체크리스트(사례)

구분	점검 사항	현재 상황	개선점
독서 시간	가용한 시간 중 독서 집중도가 가장 높은 시간은?	아침 업무 시작 전 하루 중 2시간 30분	출근시 차량 이동 간 독서 습관. 1시간 조기 출근하여 독서한다.
독서 장소	가장 집중력 높은 독서가 가능한 장소는?	조용한 사무실	사무실 자투리 시간 활용. 지하철, 버스 안에서의 독서도 연습하자.
준비물	독서 집중력과 효과를 높이기 위해 필요한 도구는?	포스트잇, 형광펜	사무실에 비치해두고, 책마다 여러 장씩 붙여놓자. 형광펜은 휴대.
장애물	독서 시간이나 독서 집중력을 방해하는 요소는?	인터넷 및 TV	지정한 독서 시간에는 컴퓨터 및 TV를 아예 끄자.

독서 목적의 구체화

이케가야 유지의 저서 《착각하는 뇌》에 보면 이런 이야기가 나온다. 다 아는 내용 같지만, 뚜렷한 목표가 있으면 더욱 잘 기억한다는 것이다. 일정한 목적을 가지고 어떤 사람을 세뇌시키는 것에서도 알 수 있듯이 사람은 확실한 목표가 있으면 더욱 잘 기억하게 된다. 그리고 중요한 것은 내가 할 수 있는 것보다 약간 높은 수준의 목표에

도전했을 때 몸에서는 의욕 호르몬이 분비된다는 것이다. 독서 준비도 약간 높은 목표를 구체적으로 가졌을 때 원활해진다.

필자의 사무실에는 매월 십여 권이 넘는 책이 배달된다. 출판사에서 책을 홍보해달라며 보내는 책들이다. 재미있는 것은 이렇게 받는 책들은 절반도 읽지 않고 책장에 꽂아두는 경우가 많다는 사실이다. 그 책을 읽어야 할 이유가 없기 때문에, 그 책을 고르는 과정이 없었기 때문에 나타나는 현상이다.

필자는 책을 읽기 전에 5분 정도 눈을 감고 책에 대한 느낌과 책을 읽는 목적을 상기한다. 책을 통해 얻고자 하는 것을 정한 다음 여백에 자신의 중요한 독서 목적을 적는다.

앞서 작성한 독서환경 체크리스트를 바탕으로 독서 준비 실습을 해보자. 아래 독서 준비 체크리스트를 기록하면 된다.

독서 준비 체크리스트

독서 시간	가용한 시간 중 독서 집중도가 가장 높은 시간은?	
독서 동기	꼭 책을 읽어야 할 절실한 필요가 있는가?	
도서 선택	나의 독서 목적과 이해 수준에 적합한 책은 무엇인가?	
독서 방법	독서 목적을 충족하기 위해 선택한 책들을 어떤 방법으로 읽을 것인가?	

패턴리딩

이 체크리스트는 독서 준비의 개념 정립을 위해 임의로 정리한 것이니, 독서를 할 때마다 이런 양식을 만들고 기록해야 된다는 부담을 느끼지 않아도 된다. 그래도 최소한 기본적인 개요를 머릿속에서 정리하는 식으로 독서 준비를 해야 할 것이다.

독서환경 체크리스트를 작성할 때와 마찬가지로, 독서 준비 체크리스트 역시 다른 사람이 작성한 사례를 참고해보자.

독서 준비 체크리스트(사례)

독서 시간	가용한 시간 중 독서 집중도가 가장 높은 시간은?	이른 아침에 집중이 가장 잘 된다.
독서 동기	꼭 책을 읽어야 할 절실한 필요가 있는가?	회사 경영에 거시적 안목이 결여되어 있다는 느낌이다. 내년 사업 계획 작성에는 거시적 관점이 포함되어야겠다.
도서 선택	나의 독서 목적과 이해 수준에 적합한 책은 무엇인가?	정평이 난 경제학 도서 중에서 비전공자도 읽을 수 있는 책. 《넛지》《스위치》《행동경제학》《그들이 말하지 않는 23가지》《위기 경제학》
독서 방법	독서 목적을 충족하기 위해 선택한 책들을 어떤 방법으로 읽을 것인가?	경제를 읽는 안목을 높이는 것이 목적이므로, 기존의 주류 경제학의 한계를 보완하는 경제서를 6회 패턴리딩한다. 다른 책들을 통해 부가적 부분을 보충한다. 《넛지》《스위치》: 패턴리딩 6회. 행동경제학에 관해 쉽게 풀어쓴 대중서로, 이를 통해 합리적이지만은 않은 인간의 심리와 행동을 이해하고 이것이 경제현상에 어떻게 발현되는지 파악한다. 또 회사 경영 및 사업과 접목할 수 있는 부분을 고민해본다. 《행동경제학》: 《넛지》 및 《스위치》보다 교과서적인 행동경제학 개론서로, 지식의 뼈대를 세우고 심화한다. 위 책들과 비교하여 읽기. 《그들이 말하지 않는 23가지》《위기 경제학》: 패턴리딩 6회. 현 세계 경제체제의 이면을 통찰하고 글로벌 금융위기의 향방을 가늠해본다.

독서를 위한 동기부여

내일 시험을 치르는 수험생이 되어보자. 준비를 충분히 못했다. 한 나절 동안 세 과목을 끝내야 한다. 자, 지금부터 당신은 어떤 능력을 발휘할 거라 생각하는가. 시험을 포기하지 않았다면, 지금 이 순간부터 당신의 암기력과 집중력은 기적적으로 향상된다. 심지어 시험 문제를 '찍어내는' 능력까지 발휘된다. 바로 내일 시험을 준비해야겠다는 당신의 '동기'가 당신의 능력을 강화시키는 것이다.

독서는 동기부여가 30%를 차지하기 때문에 동기부여가 강하면 강할수록, 그 자체만으로도 독서능력이 향상된다. 벼락치기 공부, 시험 10분 전 공부, 화장실에서 하는 공부는 집중력을 향상시키기도 한다. 즉 동기부여의 효과는 속도만 향상시키는 것이 아니라 전체적인 퍼포먼스, 집중력, 기억력을 키워주기 때문에 자신만의 동기를 만드는 데 소홀해서는 안 된다. 주변 사람들에게 자기가 읽었던 책을 추천하면서 설명해주거나, 요약해서 뉴스레터로 배포하는 것도 동기부여에 좋은 방법이다.

도서 선택하기

읽고자 하는 책을 선정하는 것도 매우 중요한 독서 기술에 속한다. 좋은 책을 선택할수록 필요성에 맞는 책일수록 집중도와 이해도가 높아져서 결과적으로 책을 빠른 속도로 읽을 수 있게 된다.

일반적인 수준에서 독서 속도를 높이는 연습을 해보자. 책 읽는 속도가 지나치게 느리다고 하소연하는 사람들은 대개 세 가지 정도의 습관을 가지고 있다.

첫째, 묵독 습관을 가지고 있는 경우다. 대부분의 사람들이 묵독 습관을 가지고 있는데, 심한 경우엔 실제 입을 움직여 들리지 않을 정도로 미세한 음성을 내며 책을 읽기도 한다. 묵독은 그 자체로는 나쁜 것이 아니며, 청각 정보를 통해 기억을 촉진시키는 효과가 있다. 그렇지만 실용독서에서 읽기 속도를 제한한다는 문제가 있다.

둘째, 완벽주의적인 독서습관이다. 책을 읽다가 잘 이해되지 않는 부분이 나오면 그 문제를 해결하기 위해 곰곰이 생각하고 핵심 정보가 나오면 암기하려고 한다. 이는 좋은 독서 태도이지만 많은 정보를 빨리 취득하려는 경우엔 적합하지 않다.

셋째, 시집이나 성경책을 읽듯, 한 구절 한 구절 음미하는 습관이다. 시집이나 잠언집을 읽을 때는 적합한 독서법이지만, 이 습관이 실용독서로까지 이어지면 곤란하다.

그러면, 실제로 독서 속도를 높일 수 있는지 실험해보도록 하겠다. 스톱워치를 준비해서 각각 독서 시간이 얼마나 걸리는지 점검해보자.

다음 두 페이지를 평소 독서습관대로 읽어보자. 단, 읽을 때 의식적으로 속도를 높이려고 노력하지 말고 평소 속도대로 읽어야 한다.

라움보다는 고개를 끄덕인다면 당신은 이미 그림과 같이 시간을 구분해 쓰고 있는 것이다. 그 명칭이나 표현이 다를지라도 나름대로 시간을 구분해서 사용하고 있는 것이다. 상당히 시간관리를 잘하고 있는 사람이기도 하다.

일반적으로 사람들은 하루 중 가장 많은 시간을 '핵심시간 영역'에 사용한다. 사실 큰 문제는 되지 않는다. 자신의 수입을 가져다주는 시간이고, 현재의 위치를 결정해 주는 시간이므로 많이 투자하는 것은 당연하다. 문제는 이 시간의 성과가 낮다는 데에 있다. 성과가 낮다는 것은 자신이 필요로 하는 자원을 충분하게 확보하지 못한다는 것이고, 이 시간을 처음에는 늘여서라도 충분한 수익을 얻으려 노력하게 된다. 그러다 보면 하루 중 반 이상으로 핵심시간 영역이 그려지기도 한다. 그래도 충분한 성과가 나지 않을 경우, 휴식시간 영역을 줄여 부업을 하는 데 사용하기도 한다. 이런 사람들의 결과가 어떨까?

먼저 핵심시간 영역이 길어질수록 준비시간 영역도 함께 늘어나게 됨을 기억해야 한다. 그러다 보니 하루 중 투자시간 영역은 가질 수도 없게 되고, 늘어나는 시간만큼 집중력은 떨어져서 시간을 늘인 만큼의 성과는 나지 않게 된다. 게다가 휴식시간 영역을 침범

70

하게 되면, 충분치 않은 휴식으로 인해 피로가 쌓이게 되고, 그 피로는 결국 핵심시간 영역에 지장을 주어 성과가 계속 낮아지는 악순환에 빠지게 된다. 그 결과는? 성과가 낮은 직원으로 낙인 찍혀 해고되거나 회사 문을 닫아야 하는 지경에 이르게 되는 것이다.

항상 균형을 생각하라

앞서 플래닝의 목표가 무엇이라고 했었는지 기억하는가? 풍요로운 인생을 살기 위해 균형을 찾는 것이라고 하였다. 여기서 중요한 것은 바로 '균형(Balance)'이다. 필자가 자주 쓰는 말 중에 '세상에 공짜는 없다'라는 말이 있다. 우리가 휴식시간을 줄이거나 투자시간을 줄이게 되면 지금 당장은 성과가 높아지고 더 많은 이익을 얻는 것처럼 보이지만, 모든 선택은 그에 따른 결과를 가져다주고 그 결과는 피로나 질병으로, 만족감 저하와 즐거움의 상실로 다가와 결국에는 '핵심시간 영역' 자체를 파괴하는 결과를 낳게 된다.

균형을 가지려면 분배를 잘 해야 한다. 시간관리의 기술 중 핵심이 바로 '분배'이다. 목표를 이루는 데 필요한 시간을 확보하는 것도 중요하지만, 시간을 잘 배분하여 성과가 가장 높을 수 있도

안구의 움직임으로 습득한 정보를 곧바로 뇌로 전달한다는 생각으로
다음 두 페이지를 읽어보자. 평소 묵독 습관이 있더라도 절대 묵독하지
말고 읽어야 한다.

밖에 없는 때가 있다. 시간관리의 주도성을 강조하는 필자도 어쩔
수 없는 그런 흐름을 가리킨다. 설 연휴와 추석 연휴에 당신은 일
을 할 수 있는가? 못할 것도 없다. 다만 일하는 당신도, 그런 당신
을 바라보는 가족 친지들의 마음도 씁쓸할 뿐이다. 게다가 당신이
거래하던 사람들도 연락이 닿지 않는다. 거리에는 차가 거의 보이
지 않고, 가게 문도 거의 닫혀져 있다. 타지에서 수년 간 혼자 살
아본 필자의 경우에는 밖에서 밥을 사먹는 것도 쉽지가 않았다.
따라서 싫든 좋든 우리의 1년은 둘로 나누어진다. 바로 설 연휴와
추석 연휴 때문이다. 보통 연휴의 앞뒤 시간을 고려하면 1주일 내
외가 된다. 프리랜서로 움직이는 사람들 중에는 고속도로 정체가
싫어 남들보다 먼저 움직이고, 남들보다 늦게 복귀하는 경우도 있
다. 그렇게 되면 연휴가 약 2주 정도까지 늘어난다. 이제 사라진
4~8주 중 반을 찾아낸 셈이다.

　그리고 여름과 겨울이라는 날씨의 조건이 있다. 이쯤 되면 '아
하' 하는 감탄사들을 내며 이해하는 사람들이 나오기 시작한다. 적
어도 대한민국에 사는 사람이라면 봄, 여름, 가을, 겨울의 4계절
과 여름과 겨울 휴가, 설 연휴와 추석 연휴 등의 이유로 인해 생활
의 분명한 단절 현상을 겪게 된다. 2002년 월드컵 때처럼 국가적

이슈가 생기면 한 달 이상의 공백도 발생한다. 직장인들의 경우에는 그런 일이 드물다라고 말하겠지만, 이 세상에 공짜란 존재하지도 않고 원인 없는 결과도 존재하지 않는다. 월드컵 기간 내내 사실상 일을 거의 하지 못한 사람들은 생각보다 무척 많았다. 일하는 척만 했을 뿐 머리 속에서도 월드컵 장면만 떠오르고, 경기 결과에만 관심이 가며, 퇴근 후 어디서 응원할 것인가만 생각하게 되어 사실상 시간관리가 되지 않는 것이다. 혹은 9 · 11 테러 사건처럼 너무 충격적이어서 며칠 정도 아무 것도 손에 잡히지 않는 경우도 있다. 이 모든 상황을 종합해 보면, 1년이 12번의 월간 계획으로 이루어진다고 생각하기 보다는 10~12주의 연속된 흐름과 1~2주의 휴식이 반복된다고 보는 게 훨씬 현실적이다. 그리고 핵심영역과 휴식영역으로 구분하는 시간의 특성에 따른 분류의 관점에서도 훨씬 설득력을 얻게 된다.

월간 계획

대개의 경우, 월간 계획은 한 눈에 들어오는(보통은 한 페이지에 표기되는) 가장 큰 단위이다. 갑작스런 약속을 잡을 때 가장 흔하게 보는 단위이며, 미래 계획의 대부분이 이뤄지는 곳이기도 하이제, 내 잠재능력 속의 정보 획득 최대치를 발휘한다는 마음으로 가장 빠르게 다음 두 페이지를 읽어보자.

우선순위를 잘 활용하라

어떤 일을 함에 있어 우선순위는 시간 경쟁력을 강화하는 매우 중요한 기술이다. 인생의 원칙이 분명한 사람이라면 매순간 자신의 시간이 그 원칙에 충실한지 점검하고 판단할 것이다. 불필요한 시간을 최소화하고, 자신에게 필요한 시간을 가능한 많이 투자하려 할 것이다. 미래의 목표를 달성하기 위해 '투자시간 영역'이 많아질수록 성공률이 높다는 것은 앞서 설명한 바 있다.

그런데 인생의 원칙이란 게 쉽게 만들어지지 않는다. '성공하는 사람들의 7가지 습관'의 저자 스티븐 코비가 강조하는 '사명서'를 실제로 써보면 처음부터 잘 써지지도 않을 뿐더러 많은 시간을 들인다고 해서 제대로 쓸 수 있는 게 아니다. 나이가 젊고, 삶의 경험이 짧다면 아마 며칠을 끙끙 앓는다 하더라도 마음에 드는 사명서는 작성되지 않을 것이다. 그렇다면 현실적으로 불완전한 사명서를 갖고 살아가야 하거나 심지어 사명서 없이 매일 살아가야 할 수도 있는 것이다.

이때 여러분을 도울 수 있는 방법 중 하나가 바로 사람들에게 우선순위를 매겨보는 것이다. 처음엔 마음이 내키지 않을 수도 있다. 매일 당신이 만나는 사람들에게 등급을 매긴다는 게 썩 유쾌

한 일은 아닐 것이다. 그러나 명심할 것은, 당신이 매긴 우선순위를 상대방이 알도록 굳이 알릴 필요는 없다는 점이다. 사람에게 우선순위를 매긴다는 것은 누군가를 폄하하기 위함이 아니라 소중한 사람에게 보다 많은 시간을 할애하기 위함이라는 점도 기억해 둘 필요가 있다.

인간중심의 시간관리

개인의 인생 목표가 분명하고, 삶의 중심이 될 사명서가 분명하게 작성된다면 시간관리는 자연스럽게 체계적으로 이루어지게 된다. 그러나 필자의 경우도 5년이 넘도록 사명서는커녕 삶의 목표조차 제대로 세우지 못한 채 플래너를 사용한 경험이 있다. 뿐만 아니라 필자가 운영하는 [7가지 성공습관과 프랭클린 플래너] 포럼에 올라오는 호소를 보면, 대부분이 자신의 플래너 사용 기술이 떨어져 제대로 시간관리를 하지 못하고 있다는 내용이다.

이런 문제점을 해결하기 위해 사용하는 방법이 바로 '인간중심의 시간관리' 이다. 방법은 간단하다. '사명서' 를 작성하기 이전에 자신에게 소중한 사람들을 순서대로 나열해 보는 것이다. 아무리 외부 활동이 적은 사람일지라도 수십 명 이상의 지인들을 알고 있연습 동안 실제로 독서 시간이 단축되었는가. 크게 나아지지 않았더라도 실망할 필요는 없다. 1회 훈련한 결과일 뿐이기 때문이다. 앞으로 독서 과정을 통해 계속 연습하면 훨씬 더 나아질 것이다.

몇 가지 습관을 버리는 것으로도 독서 속도는 비약적으로 향상된다. 굳이 안구 훈련 방식의 속독을 배우지 않아도 좋다. 관건은 자신의 잠재능력을 믿는 것이고, 계속적인 연습이 엄청난 결과를 낳을 것임을 확신하는 것이다.

> 인간의 눈은 500분의 1초 이하의 속도로 초점을 이동시킬 수 있다고 알려져 있습니다. 또 눈에서 45센티미터 떨어진 통상의 독서 위치에서 한쪽 눈이 초점을 맞출 수 있는 글자의 길이는 표준 영문활자 서체로 18자 정도라고 합니다. 영어 단어로 하면 평균 3단어 정도지요. 이 말은 이론상 인간의 눈으로 매초 1,500단어, 매분 9만 단어를 읽을 능력이 있다는 뜻이 됩니다. 그런데 우리의 평균적인 독서 속도는 실제로는 매분 200단어 정도에 지나지 않습니다.
> – 도미니크 오브라이언의 《5등 안에 야무지게 들어가기》 중에서

우리의 독서능력이, 그것도 웬만한 독서법을 배우지 않은 상태에서도 무려 분당 9만 단어를 소화할 수 있다는 사실이 믿어지는가. 책 한 권이 8~10만 단어 정도로 이루어진 점을 감안하면, 책 한 권을 1분이면 읽을 수 있다는 것이다. 그런데 왜 우리는 그 능력을 발

휘하지 못할까. 바로 자신에 대한 믿음, 잠재능력에 대한 믿음이 부족하기 때문이다. 우리의 잠재능력은 재미있게도 우리 믿음의 한계만큼만 발휘된다.

필자도 나름대로는 많은 연간 150권의 독서를 할 때, 부산에 있는 한 회원으로부터 연간 600권 정도의 독서를 한다는 메일을 받고 비슷한 고민을 한 적이 있다. 머리로는 이해가 되는데 믿어지지가 않았다.

잠재능력과 패러다임을 가르치는 필자조차도 그랬으니, 지금 이 글을 읽는 독자가 믿지 못한다 해도 어찌 보면 당연하다. 하지만 그 믿음이 선행되지 않으면 읽기 능력은 결코 빨라지지 않는다. 아무리 세미나를 열고 글을 쓰고 말을 해주어도 읽기 능력이 빨라지지 않는 경우를 종종 본다. 그런 모습을 보면서 필자가 얻은 결론은 독서법에 대한 믿음, 패턴리딩이 자신을 얼마나 바꿔줄 수 있는지에 대한 믿음이 선행되지 않으면 안 된다는 것이다.

아마 이 책을 읽는 독자들도 비슷하리라 생각한다. 이 책에 아무리 완벽한 원리를 적는다 할지라도 그 '믿음'이 선행되지 않으면 이는 결코 독자의 것이 되지 않는다. 안타깝지만 사실이다.

지금 이 순간 패턴리딩에 신뢰가 가지 않는다면, 이 책을 덮고 자신의 마음속에 존재하는 불신을 찾아 해결하는 게 먼저라고 얘기해주고 싶다.

'과속읽기'란 정해진 시간 안에 책을 '지나치게 빠른' 속도로 읽는 기술을 의미한다. 영어로 표현한다면 'Overspeed Reading' 정도가 되지 않을까? 과속읽기를 할 때 반드시 엄수해야 하는 조건은 바로 '정해진 시간' 안에 주어진 본문 전체를 처음부터 끝까지 '본다'는 것이다.

과속읽기는 왜 필요할까

우선 과속읽기는 뿌리 깊은 묵독 습관을 고쳐주는 효과가 있다. 우리 대부분은 수십 년 이상 묵독 습관 속에 자신이 묵독을 한다는 사실조차 인식하지 못할 정도가 되어 있다. 그래서 꾸준한 훈련과 독서 기술을 사용하지 않으면 묵독 습관을 고치기 어렵다.

과속읽기는 잠재능력의 최대치에 달하는 엄청난 독서 속도를 요구한다. 이렇게 환경을 조성하고 동기부여를 한 상태에서 각종 과속읽기 방법론을 동원하면 묵독 습관을 고칠 수 있다.

과속읽기는 우리가 갖고 있는 잠재능력을 일깨우는 데에도 도움이 된다. 과속읽기는 그 자체로 아주 당황스러울 정도로 빠르게(분당 12,000~15,000단어) 읽음으로써 집중력을 키워주고 평소엔 사용하지 않던 감각까지 일깨우는 효과가 있다.

여러 독서법 이론에 따르면, 한정된 시간에 매우 빠른 속도로 책을 읽으면 두뇌의 잠재력을 자극하여 평소엔 경험하지 못하는 초능력과 같은 능력을 발휘한 경우도 보고되었다고 한다.

과속읽기를 여러 번 하면 도움이 될까

먼저 조건이 하나 필요하다. 과속읽기를 여러 번 하면 할수록 도움이 되는 것은 사실이지만, 같은 본문을 같은 방식으로 과속읽기를 할 경우, 두뇌는 습득 능력을 제한하는 현상이 발생한다.

예를 하나 들어보자. 당신은 방금 너무 재미있는 영화를 보았다. 너무 재미있어서 즐겁고 행복하고 자신의 선택에 대해 뿌듯해 한다. 그런데 누군가가 당신에게, 방금 본 영화를 다시 보라고 한다면 기분이 어떨까. 그리고 실제 볼 경우는 어떤 현상이 나타날까. 방금 전까지 그렇게 재미있게 본 영화라고 할지라도 두 번째부터는 재미가 급격히 떨어질 것이다. 만약 그렇게 세 번을 보라고 하면, 십중팔구는 영화를 보는 중간에 졸게 될 것이다. 독서도 이와 마찬가지다. 똑같은 본문을 똑같은 방식으로 과속읽기를 여러 번 하면 효과가 높아지지 않는다. 따라서 특별한 '방법'이 필요하다.

독서는 게임처럼 즐겁고, 만화처럼 즐겁다. 꿈같은 얘기 같지만, 특별한 방법을 사용하면 당신도 그런 경험을 할 수 있다. 독서를 게임처럼 여기고 즐길 수 있는 기법을 찾아야 한다. 숙성 기법을 통해 창의력을 향상시키는 주요 기법들은 다음과 같다.

과속읽기를 할 때 차례, 소제목, 강조점, 표 등에 자신도 모르게 눈이 가게 된다. 크게 염려할 것 없다. 그런 표현적 차이는 저자나 편집자가 나름대로 독자에게 전달성을 높이기 위해 만든 장치이므로, 그런 현상이 발생하더라도 고민할 필요는 없다. 다만 과속읽기의 흐름이 끊어지지 않도록 꾸준한 속도를 유지하는 것이 매우 중요하다.

다음은 과속읽기의 여러 가지 방법들이다. 책을 한 권 선택해서 다음 방법대로 읽어보며, 자신에게 맞는(달리 말해 목적에 맞는) 과속읽기 방법을 찾아보자.

잘라읽기	문단의 중간 부분을 버리고 처음과 끝의 한두 문장만 읽는 방법.	
U자형읽기	책의 왼쪽 상단부터 오른쪽 상단까지 읽거나 오른쪽 하단에서 왼쪽 하단까지 읽는 방법.	

셔터링	4~6등분 후 사각 정중앙에 초점을 맞추고 사진 찍듯이 뛰어넘는 기술.	
건너뛰기	잘라읽기를 통해 중요성만 파악하고 중간은 읽지 않는 기술.	
뒤집어읽기	책을 거꾸로 뒤집어 읽는 방법.	
역순서읽기	책의 맨 뒷장부터 읽는 기술.	

한쪽만읽기	책의 왼쪽이나 오른쪽만 읽는 기술.	
사선읽기	왼쪽 상단에서 오른쪽 하단 또는 오른쪽 상단에서 왼쪽 하단으로 대각선 읽기.	
섞어읽기	혼독이라고도 하며, 같은 주제로 여러 권의 책을 조금씩 동시에 읽거나 다른 주제로 여러 권의 책을 동시에 읽는 기술.	
함께읽기	팀리딩이라고도 하며, 같은 책을 모여서 읽고 토론하거나 정해진 주제에 따라 서로 다른 책을 읽고 토론하거나 책 한 권으로 각 장의 주제를 나눠서 읽고 토론하는 기술.	

숙성하기	주어진 목적에 따라 책을 읽은 후, 일정 시간 이후에 다시 읽는 기술. 일정 시간은 12시간을 넘겨야 하며 취침 이후가 가장 최적의 조건임.	

집중적인 과속읽기 후에도 풀리지 않는 문제가 있다면 어떻게 해야 할까. 그 문제에서 벗어나는 이완 단계를 거친 후 숙성 기술을 거치면 문제가 해결되는 경우가 많다. 사과나무를 보고 만유인력의 법칙을 발견한 뉴턴의 경우, 목욕탕에서 부력의 원리를 발견한 아르키메데스의 경우, 꿈속에서 문제가 해결되는 경우 등이 대표적인 예이다. 이것을 다른 말로 차이가르닉 효과라고도 한다.

우리가 어렸을 때부터 잘못 알고 있는 게 있다. 우리는 학교에서 무조건 책을 공부하면 한 단원이 끝날 때까지는 시간이 걸리더라도 마무리를 하라는 식으로 배웠다. 하지만 그렇게 하면 오히려 더 기억이 잘 안 난다. 오히려 중간에 한눈파는 식으로 공부를 하는 것이 더 기억이 잘 난다는 것이다. 이것이 차이가르닉 효과다.

예를 들어, 《성문종합영어》 같은 영어 종합참고서를 공부하면 동사에서부터 시작해서 부정사, 명사 순으로 책의 순서대로 고지식하게 공부한다. 그런데 그렇게 차례대로 밑줄 긋고 연습장에 반복해서 쓰고 외워보지만 나중에는 하나도 생각이 나지 않는다. 그런 방식으로 공부해서 성적이 우수한 친구들도 있었지만, 그렇지 않은 친구들이 많았다. 결론은 과속읽기를 할 때 한 단원을 마무리 지으려고 생각하지 말고 시간에 중점을 두라는 말이다.

과속읽기를 교육하다 보면, 패턴리딩을 3개월에서 6개월 정도 하면 책이 자동으로 눈에 들어올 것이라고 생각했는데 그렇게 되지 않는다고 푸념하는 분들이 있다. 필자는 패턴리딩이 눈과 뇌를 자동화된 기계처럼 만드는 것은 아니라고 생각한다. 물론 훈련이 되면 책과 많이 친해져서 전에 없던 효율적인 습관이 몸에 배는 것은 사실이지만 어느 날 갑자기 급격하게 변하는 것은 없다. 그러나 계속 훈련을 하면 글자와 친해지고, 실제로 읽는 속도도 빨라진다. 그리고 무엇보다 배경지식이 중요하다. 배경지식이 있는 책이라면 한눈에 들어오기도 하고, 그렇지 않은 책이라면 어렵게 느껴지게 마련이다.

따라서 과속읽기 과정을 통해서 책 읽는 습관과 책과 친해지는 시간을 갖고, 또 생각을 전환하는 계기를 마련한다고 생각해야 한다. 그런 과정들을 통해서 새로운 독서법인 패턴리딩을 내 안에 체계화시킬 수 있다.

패턴리딩 기본 단계 Step 3 비교하기

과속읽기에서 제외되었던 차례, 머리말, 추천사 등을 읽고 저자의 생각과 자신의 생각을 비교해보는 단계다. 우리가 말하는 창의력은 두 개 이상의 현상이나 정보가 갖고 있는 '차이'에서 출발한다. 따라서 과속읽기로 만들어진 자신의 사고 패턴을 저자의 사고 패턴과 비교할 수 있는 기회를 가짐으로써 창의력을 강화할 수 있는 기회를 가질 수 있다.

그렇다면 내용을 제대로 이해하지도 않았는데, 본문을 세 번 정도 과속읽기 한 것만으로 어떻게 자신만의 사고 패턴을 가질 수 있을까. 여기서 우리가 알아야 할 점은 우리의 능력은 우리의 기대를 초월한다는 것이다!

비교하기의 실제 예를 살펴보자. 다음 페이지에 나오는 표는 한 독자가 《석세스 플래닝》의 본문 과속읽기를 통해 왼쪽과 같은 패턴을 포착했고, 이것을 실제 책의 머리말, 프롤로그, 차례 등과 비교하면서 보완을 시도한 것이다.

책을 읽기 전에, 이 책은 이러한 내용이 들어 있을 것이라고 예상했을 것이다. 그렇다면 먼저, 자신이 생각했던 내용이 과연 들어 있는지, 있다면 어디에 있는지 찾아본다. 처음에 세웠던 가설이 적합한지를 살펴보는 것이다. 이 단계에서 자신이 본래 세웠던 목적에 부합하지 않는다고 생각하면 책 읽기를 멈춘다. 책은 얼마든지 많기 때문에 한정된 시간을 아끼기 위해 목적에 맞지 않는 책은 읽지 않는 것이다.

다음으로 과속읽기를 세 번 했던 내용을 차례와 비교해본다. 그

1. 계획은 중요하다

: 계획적인 삶, 계획적인 비즈니스

→ 일과 인생에서의 성공

성공적인 시간관리와

성공적인 목표·성과관리가 관건

2. 시간 계획을 잘 세우자

시간 구분은

1) 준비 시간

2) 핵심 시간(현재 가치)

3) 휴식 시간

4) 투자 시간(미래 가치)

5) 잉여 시간

으로 할 수 있는데

서로 조화를 이루어야 하고,

핵심 시간과 투자 시간을

지키고 늘려야 한다.

3. 석세스 플래닝의 방법

– 우선순위를 세우고 관리하는 것이 핵심.

– 목표 관리가 중요하다.

– 내 몸에 맞는 플래너 선택.

: 효과적인 메모 기법과 포스트잇 활용법.

– 한 일정에 90~120분을 배분하라.

머리말, 프롤로그 주안점

1) 실천이 중요하다. 그러나

효과적인 실천을 가능하게 하는 것은

계획이다.

2) 계획은 인생 성패를 판가름한다.

비교

1) 인생과 업무에서 계획의 중요성 부분은 일치.

2) 좋은 계획, 나쁜 계획의 구분 및 좋은 계획의 중요성을 놓침(주안점).

3) 시간의 구분 단위는 나에게 매우 인상적이고 참신한 지식이며 잘 흡수되었음.

4) 나만의 시간관리 단위 찾기는 더 세밀하게 읽어야겠음.

5) 석세스 플래닝 스킬 부분의 실용적인 충고를 더 보강해서 읽어야겠음.

6) 정중한 거절을 즐겨라 부분은 기억에 없음. 재독이 필요함.

렇게 비교하고 난 내용은 포스트잇이나 책의 여백에 적어본다. 책은 하나의 자료이고 목적을 달성하는 도구이다. 따라서 과속읽기를 하고 나서 확인한 내용을 차례와 비교해본 다음, 차례 중에 어떤 부분을 내가 필요한 자료로 사용할지를 결정한다. 차례에 있는 아이디어 중 내 목적에 부합하는 내용을 찾아내는 것이다. 물론 막연히 과속읽기를 세 번 했다고 해서 그런 아이디어가 눈에 다 들어오지는 않는다. 내용을 아직도 명확하게 알기가 어렵고 대략적인 추측만 가능할 뿐이다. 다음 단계인 고리단어 찾기 단계로 넘어가야 하는 이유다.

패턴리딩 기본 단계 Step 4 **고리단어 찾기**

우리의 두뇌는 눈으로 들어오는 모든 정보를 저장한다. 하지만 우리가 실제 기억하는 것은 극히 일부에 불과하다. 나머지 정보는 잠재의식에 저장되어, 우리가 평상시 꺼내 쓸 수가 없다. 잠재의식 속의 정보를 꺼내기 위해서는 단어의 고리를 찾는 과정이 필요한데, 이를 '고리단어'라고 한다.

몇 년 전 인기를 끌었던 방송 프로그램 중에 연예인들의 옛 친구들을 찾아주는 프로그램이 있었다. 1차에서 모두 찾지 못할 경우 2차에서는 가짜 친구와 진짜 친구가 섞여서 레일 위에 오르게 된다. 레일 위에 올라간 친구들은 각자 과거의 기억 중 떠오를 만한 말을 꺼내고 연예인은 그 말을 통해 진짜 친구를 찾게 된다. 바로 그 친구의 말 어딘가에 고리단어가 있었던 것이다.

과속읽기 과정을 통해 입력된 정보는 안타깝게도 우리의 의식세계에 저장되지 않고, 시각 정보의 대부분이 잠재의식 속에 저장된다. 이는 과속읽기가 갖고 있는, 보는 정보를 처리하는 의식의 속도가 느려 자신도 모르게 잠재능력을 일깨우기 때문이다. 따라서 '단어 고리' 형성 없이는 잠재의식 속의 정보를 꺼내 쓸 수 없고, 결국 우리는 읽었으되 기억하지 못하는 현상에 빠지고 만다. 따라서 기억력을 특별히 강화하려면, 사전에 기억의 '고리'를 만들어 저장시킬 필요가 있다.

서번트 신드롬이라는 단어를 들어본 적이 있을 것이다. 서번트(Savant)는 학자 또는 석학이란 의미를 가진 단어지만, '전반적으로 정상인보다 지적 능력이 떨어지지만 특정 분야에서 비범한 능력을 보이는 사람'을 뜻하기도 한다. 서번트 신드롬이란 자폐증이나 지적 장애를 지닌 이들이 특정 분야에서 천재적 재능을 보이는 현상을 일컫는다. 영화 〈레인맨(Rain Man)〉을 본 사람이라면 더스틴 호프만이 연기한 주인공 레이먼드를 떠올리면 될 것이다. 영화 속 주인공처럼, 실제로 전화번호부를 통째로 암기하고, 몇 년 몇 월 몇 일이 무슨 요일이고 무슨 일이 있어났는지 금세 알아내며, 길고 복잡한 곡도 피아노로 금방 따라하는 비범한 능력을 지닌 이들이 있다. 이들에 관해서는 모 방송 프로그램에서 다룬 적도 있다.

평소 자신의 기억력에 콤플렉스를 지녔던 이들이라면, 서번트들을 다룬 영화나 방송 프로그램을 보면서 '나도 저 사람들처럼 기억력이 뛰어나면 얼마나 좋을까' 하고 부러워했을 수 있을 것이다. 그러나 서번트들은 한쪽 뇌, 즉 좌뇌가 망가진 사람들이다. 그래서 우뇌에서 보상을 해주는 것이다.

하지만 우리는 지극히 정상적인 사람들이다. 기억력에 대해 너무 그렇게 매달릴 필요가 없다. 대신 중요한 것은 잦은 반복을 통해 장기기억이 될 수 있어야 한다. 고리단어 찾기는 평범한 우리의 두뇌에 기억력을 한 단계 증진시켜주는 현실적인 유용한 툴이다.

고리단어는 낚싯대에 달려 있는 '찌'와도 비교된다. 좋은 고리단어를 확보하면, 그것을 기준으로 종합적인 기억을 연상해내는 것은 그리 어려운 일이 아니다. 다만 주의할 점은 고리단어가 꼭 중요 단어는 아니라는 점에 있다. 적어도 글쓴이가 강조하는 핵심 단어와 독자가 기억하기 좋게끔 만든 '고리단어'는 분명 차이가 있다. 책

한 권을 읽는 동안 고리단어는 페이지당 1개 이하로 만드는 게 좋다. 실제 300여 개의 고리단어를 찾는다 해도 순간적으로 기억에 남는 것은 3~5개 정도, 많아야 10개 이하인 게 보통이다. 하지만 과속읽기는 단 한 번만 하는 기술이 아니며, 5단계 패턴리딩 단계와 상관없이 여러 번의 과속읽기 과정에서 고리단어를 중심으로 읽는다면, 기억은 종합적으로 강화되어 실제로 활용할 때 도움이 될 수 있다.

8년간 세계적인 암기 대회에서 연속으로 우승한 도미니크 오브라이언의 경우 30분간 2,385개의 단어를 기억해내어 기네스북에 올랐는데, 그는 특정 단어를 기억할 때 자신만의 연상 기법을 활용하는

■ 큰 바위 얼굴 조각

것으로 알려져 있다. 특정 단어에 대한 독자 자신의 감각을 활용하는 편이 글쓴이의 강조점보다 더 중요하다는 것은, 우리가 기존에 알고 있는 독서의 잘못된 지식, 즉 읽는 사람은 글 쓴 사람의 생각을 읽는 것으로 파악할 수 있다는 것을 보기 좋게 반박하는 근거가 되기도 한다.

미국의 러시모어 산에는 미국 역대 대통령 네 명의 얼굴이 조각되어 있다. 미국 역사상 위대한 대통령으로 링컨, 워싱턴, 제퍼슨, 루즈벨트를 뽑아서 조각한 것이다. 그런데 이것을 총칭하는 한 단어가 무엇일까. 배경지식이 있으니까 우리는 그것이 '큰 바위 얼굴' 이라는 것을 알 수 있다. 딱 다섯 글자다. 우리가 방금 얘기한 모든 것을 대표하는 단어가 '큰 바위 얼굴' 한 단어인 것이다. 이처럼 책을 읽을 때 여러 가지 패턴이 있는데, 그 패턴 위에는 최상의 패턴인 고리단어가 있는 것이다.

그러면 이제 큰 바위 얼굴에 관한 기사를 통해 고리단어에 대해 좀더 구체적으로 살펴보자.

PATTERN READING

큰 바위 얼굴

마운트 러시모어(Mt. Rushmore)는 사우스다코타 주 블랙 힐즈 산지에 위치한 산봉우리이다. 이곳이 유명한 것은 미국 역사상 가장 위대한 대통령으로 손꼽히는 4명의 얼굴상이 암벽에 조각돼 있기 때문이다. 건국의 아버지로 불리는 초대 대통령 조지 워싱턴, 독립선언서 기초를 장식한 토머스 제퍼슨, 남북전쟁을 승리로 이끌어 미국을 연방 통일국가로 만들어낸 16대 대통령 에이브러햄 링컨, 그리고 미국의 힘을 세계로 돌려 세계열강으로 자리 잡게 한 26대 대통령 시어도어 루즈벨트의 얼굴상이 새겨져 있다. 이들은 곧 미국의 시작을 알리고, 성장시켰고, 미국의 가치를 보존하고 또한 미국의 세력을 넓힌 인물이라는 것이다.

워싱턴은 영국 식민지에서 독립전쟁을 거쳐 미국이라는 새로운 나라를 건국했고, 제퍼슨은 독립선언서를 기초하고 또한 오늘날 루이지애나의 광활한 영토를 프랑스로부터 사들임으로써 영토 확장과 함께 대륙 국가로서의 기틀을 마련한 장본인이다. 그런가 하면 링컨은 남북전쟁을 통해 미합중국의 연방제를 공고히 했으며, 루즈벨트는 파나마운하 건설 등을 통해 미국의 세력을 외부로 확장시키면서 미국을 세계 중심무대에 서게 한 장본인으로 평가받는다.

첫 번째 문단을 보자. "마운트 러시모어는 사우스다코타 주 블랙힐즈 산지에 위치한 산봉우리다. 이곳이 유명한 것은 미국 역사상 가장 위대한 대통령으로 손꼽히는 4명의 얼굴상이 암벽에 조각돼 있기 때문이다." 이렇게 기사문이나 설명문은 '두괄식 구조'로 첫 문장이 곧 중심문장이 된다. 따라서 우리가 읽을 때도 첫 문장 하나만 읽으면, 그 뒤에 무슨 내용이 올 것이라는 예상을 할 수 있다. 이것이 바로 패턴리딩이다. 이 같은 고리단어와 패턴은 기사문뿐만 아니라 모든 세상 속에 있다.

비교하기에서 포스트잇을 사용했듯이 고리단어 찾기에서는 형광펜을 사용한다. 책을 깨끗하게 사용하는 분들은 형광펜이나 연필을 쓰고, 그렇지 않은 분들은 그냥 일반 볼펜을 사용해도 상관없다.

과속읽기와 비교하기를 통해서 자신이 선택한 책이 목적에 부합한다는 것을 발견했다면 이제 핵심을 찾는 단계로 넘어가야 한다. 어떤 페이지를 보았을 때 한눈에 들어오는 단어가 무엇인가를 살펴보다가 한눈에 들어오는 단어나 문장을 찾으면 그 부분에 줄을 친다. 단, 한 페이지에 하나씩만 찾는다. 그렇게 한 페이지당 약 3초 정도만 보면서 하나씩 찾는 것이다. 그냥 눈에 들어오는 단어, 그게 바로 고리단어다. 고리단어를 찾는 것도 과속읽기처럼 전체를 보고 한 번에 줄을 긋는 것이다.

고리단어 찾기도 다른 단계처럼 끝까지 가는 것이 중요하다. 훈련 과정이기 때문에 반드시 정답을 찾을 필요는 없다. 훈련을 하다 보면 점점 더 정답에 가까운 고리단어를 찾게 되는 것이다. 욕심을 내서 두 개의 고리단어를 찾을 필요도 없다. 한 페이지에 반드시 하나만 찾는 것으로 훈련을 한다. 물론 동그라미를 쳐도 되고, 네모표시를 해도 되고 일반적인 방식으로 줄을 그어도 된다. 자신에게 편한 방식으로 하면 되는 것이다.

고리단어 찾기를 하다 보면 어느새 책을 읽고 있는 독자도 있다. 책 읽는 훈련이 아니라 줄을 긋는 훈련이라고 생각해야 한다. 절대 읽지 말고, 눈에 들어오는 대로 즉각적으로 줄을 그어야 한다. 핵심을 찾아내는 것이지 전체를 읽는 것이 아니라는 것을 명심해야 한다.

예를 들면, 필자가 《브레인 룰스》라는 책을 읽고, 다른 사람들에게 소개를 했다. 이 책을 읽으면서 필자의 기억에 남는 것이 무엇이 있을까. 12가지 이야기가 있다면 필자는 그중에 한 가지만 기억한다고 하자. 필자의 기억에 남는 것은 '공부를 잘 하려면 움직이면서 하라' 이다. 일을 할 때도 앉아서 하면 효율성이 낮은 편인데 그것은 공부를 할 때도 마찬가지라는 것이다. 암기를 할 때도 자꾸 돌아다니면서 반복해야 기억에 잘 남는다는 것이다. 필자는 실제로 그것 하나만 기억하고, 활용한다. 나머지는 모두 머릿속에서 사라졌다. 하지만 필자는 그 책을 다 읽은 것이다. 우리의 목표는 바로 이런 것이다.

앞서 철학과 방법론에서 말했던 것처럼, 우리는 궁극적으로 책을 읽어서 얻고자 하는 것이 무엇인지에 초점을 맞춰야 한다. 확실한 것 하나만 건져서 내 것으로 만들면 되는 것이다. 빨리 넘기면서 핵심을 찾아내는 것이 우리가 훈련을 하는 목적이다.

패턴리딩 기본 단계 Step 5 / 패턴화

패턴화 단계에서는 과속읽기를 통해 한 번 더 읽고 중요 부분을 강화함으로써 기억력과 이해도를 높이고 놓친 정보를 확인해 재입력할 기회를 준다. 전체의 구조가 파악되면 패턴을 알게 되어 중간이나 끝 부분에 어떤 내용이 나올지 알 수 있다.

시간의 5가지 목적별 구분

시간의 5가지 영역

우리에게 1시간은 누구에게나 60분이며, 어디에서나 60분이다. 하지만 그 시간의 성격은 사람에 따라서도, 환경에 따라서도 달라진다. 여기서부터 우리의 플래닝의 결과가 달라지는 원인이 시작된다.

시간을 분석해 보면 5가지 영역으로 나누어진다는 것을 알 수 있다.

• 준비시간 영역 : 어떤 이벤트에 시간을 투입하기에 앞서 그

시간을 최선의 결과를 얻도록 하기 위해 필요한 준비시간.

• 핵심시간 영역 : 하루 중 가장 많은 활동 시간을 차지하며, 우리의 수입과 기반을 만들어 주는 시간.

• 휴식시간 영역 : 나무꾼이 나무를 베기 위해 도끼의 날을 갈 듯이 시간을 사용하기 위해 필요한 에너지를 확보하기 위한 휴식시간. 예) 잠자는 시간.

• 투자시간 영역 : 나의 미래 목표를 달성하기 위해 현재 갖고 있지 않은 자원을 확보하기 위해 투자하는 시간.

• 잉여시간 영역 : 예상하지 못한 일이 발생하거나, 예상에 비해 많은 시간을 소요할 때 투자할 수 있는 예비시간.

놀라운가? 사실 놀라야 하는 것이 정상이다. 이 구분을 보고 놀

---

❷ 알파벳으로(A, B, C) 계획표에 명시한 모든 일에 가치를 부여하라. 이렇게 하여 여러분이 적어 놓은 일의 순서를 재조정할 수 있다.

❷ 일단 우선순위를 고려하지 않고 개인 일정을 작성한 후 각 항목의 순서를 다시 정하라.

❸ 세 개 혹은 네 개의 판을 준비하고 각각에 A, B, C, D라고 기입하라. 각각의 일을 첨부해 위계에 따라 알맞은 판에 붙여 두고 매일 아침 점검하라. 필요하다면 위계를 높일 수도 있다. C와 D는 매주 금요일 아침에 정검한다.

우선순위를 지원하는 목표

당신이 선택한 각각의 우선순위 항목을 실행하기 위한 목표를 설정할 수 있다. 건강이 제일 우선하는 항목이라고 가정한다면 이를 실행하기 위한 몇 가지 목표를 설정할 수 있다. 예를 들어 '이번 주 내에 헬스클럽에 등록할 것이고, 일주일에 적어도 3번 이상은 헬스장을 방문하여 45분 이상의 연습을 할 것이다'라고

목표를 설정할 수 있다.

목표는 정확한 시간일정과 횟수를 포함하는 매우 구체적인 것이어야 한다. 만일 당신이 단지 '헬스클럽에 등록할 것이고, 많은 운동을 할 것이다'라고 말한다면 구체적으로 말할 때와 동일한 결과를 얻기는 힘들다. 언제 헬스클럽에 등록할 것인가? 얼마나 자주 갈 것인가? 연습은 얼마나 오랫동안 할 것인가? 횟수와 구체적인 시간일정은 당신에게 노력해야 할 것들을 제공한다. 주당 적어도 3번 헬스장을 방문하여 45분 운동한다는 것은 단지 헬스장 안에 있고, 다른 누군가와 잡담을 하고, 자판기로 향하고, 읽펠 헬스장을 나선다는 운동을 많이 하는 체하는 것과는 매우 다르다. 만일 직장에서 일정한 수준만큼 승진하는 것이 우선순위 중의 하나라면, 다음과 같은 구체적인 목표를 목록에 추가해야 할 것이다.

• 올해 12월 31일까지 ___ 만 원의 판매 실적을 올린다.

• 어느 대학의 이번 학기에서 세 가지 과정을 이수하여 앞으로 _____ 위치로 옮겨갈 때 필요한 기술을 습득한다.

• 다음 분기에 6명의 직원을 감독하는 경험을 얻기 위해 이 달

시간도 중요하지만, 집중해온 틀에서 벗어날 때 더 많은 아이디어가 떠오르는 경우가 많아 4시간 이상은 한 가지 일에 집중하지 않는 편이다.

이렇게 기본 시간단위를 정해 하루를 나눠보면 신기하게도 하루를 정확하게 구분하는 게 가능해진다. 90분을 기본 단위로 삼는 사람은 하루를 16단위로 구분할 수가 있고, 2시간을 기본 단위로 삼는 사람은 하루를 12단위로 구분할 수 있게 되는 것이다. 하지만, 어느 한 쪽만을 고집하기보다는 자신의 경험에 맞는 단위를 찾아서 다양하게 적용하는 게 필요하다.

필자의 사례를 들어 설명해 보자.

저녁시간과 밤에 활동이 많은 필자의 경우 남들보다 늦게 잠들어 늦게 일어난다. 보통 새벽 2~3시에 잠들어 아침 8~9시에 일어나는 편인데, 아침에 일어나면 제일 먼저 E-mail을 확인하며 하루나 이틀 정도의 스케줄을 체크한다. 하루 스케줄은 최소한 하루 이전에 미리 잡히기 마련이지만, 그날 아침에 다시 체크함으로써 변경된 일정을 찾아낼 수도 있고, 내가 변경해야 할 일정을 찾아내기도 한다. 아침에 컨디션이 나쁘다면 하나 정도의 약속은 양해를 구해 다른 날로 미룰 수도 있게 된다.

그러고 나면 아침 9시가 되고, 이때부터 90분씩 2개의 시간단위를 사용하게 된다. 보통 전화를 하거나 글을 쓰는데, 오전 10시 30분까지 글을 쓰고, 10시 30분부터 12시까지 전화를 하고, 다양한 프로젝트를 체크한다. 전화를 나중에 하는 이유는 매일 아침 회의를 하는 회사의 경우, 아침 일찍 전화를 하면 통화가 되지 않을 뿐만 아니라, 아침에 일찍 전화를 해도 오전에 갑자기 내려진 지시가 있거나 중요한 메일이 도착하였을 때 내 일정을 다시 변경하려 하는 경우도 많기 때문이다. 글을 쓸 때 강의를 준비할 수도 있는데, 그래도 12시 30분 정도면 일이 끝나므로 30분 정도를 식사하는 데 사용할 수가 있다. 혹은 다른 사람과 약속을 잡게 되는 경우, 나를 찾아오는 경우에는 1시간 30분 정도를 할애하고, 다른 사람을 찾아가야 하는 경우에는 이동 시간을 고려해 2시간에서 2시간 30분을 사용하기도 한다.

일반 직장인이라면 오후 1시부터 저녁 6시까지 5시간을 더 일하게 되는데, 5시간은 90분 단위가 2개, 2시간단위가 1개이므로 이를 적절하게 배치한다. 그렇지만 중요한 일이 많아 6시가 넘어간다 하더라도 그리 개의치 않는다. 6시에 퇴근을 하는 것보다는 30분 더 일하더라도 성과가 보다 나아지도록 하는 것이 더 이

172

173

예를 들어 역사서를 읽다보면 주요 사건들이 시간 순서로 맵핑되어 별도의 긴 종이에 인쇄되어 삽입되어 있는 경우를 본 적이 있을 것이다. 이러한 구성은 전체적인 맥락을 통해 훨씬 더 기억하기 쉽게 만들어주는 효과가 있다.

실제로 패턴리딩을 습득할 때, 4단계까지 가는 동안 학습자가 깊은 이해 과정을 거치는 것을 인위적으로 제한한다. 그렇지 않으면 5단계 패턴화를 거치기 전에 불만을 터뜨리는데, 이는 불필요한 이해단계가 독서를 심각하게 방해하기 때문이다. 마지막 단계인 '패턴화'는 바로 '이해'를 수반하며, 실제 훈련 과정에서 독서능력이 급

격히 차이를 보이는 단계이기도 하다. 필자가 일정량의 독서를 하지 않으면 독서능력이 쉽게 강화되지 않는다고 말하는 것은, 바로 이 단계의 격차를 두고 얘기하는 것이다.

'이해'는 매우 복잡한 과정이다. 특히 특정한 개념이나 내용을 이해하기 위해서는 사전에 상당한 배경지식과 경험이 존재해야 한다. 하지만 대부분의 독서법 훈련에서 이 부분을 다루지 않기 때문에 학습자들은 독서능력 강화에 실패하고, 이를 독서법의 문제로 돌리게 된다.

예를 들어 책의 전반부에 특정한 개념 'A'가 등장한다고 가정해보자. 개념 'A'에 대한 이해가 되지 않으면, 독자는 자신도 모르게 읽기를 멈추고 이해하려고 노력하기 시작한다. 그런데 아무리 이해하려 해도 이해되지 않는다면 어떻게 될까. 그냥 넘어갈 수 있을까. 사실 10만 단어나 되는 책 내용에서 그 정도쯤 놓친다고 해서 이해가 되지 않을 리도 없겠지만, 독자 대부분은 그것을 편안하게 받아들이지 못한다. 아마도 그 내용에 얽매여 뒤의 내용을 전혀 받아들이지 못할 것이다.

이런 경우, 대부분의 책은 그 개념이 중요한 것이라면 보충설명을 뒷부분에 첨부해놓거나, 내용의 전개상 매우 상세한 풀이가 덧붙여지게 마련이다. 문제는 그 개념에 대한 이해를 하기 위해 노력하는 시점에는, 부가 설명의 존재 유무를 알지 못한다는 것이다. 게다가 그 개념이 그다지 중요하지 않아서 추가적인 설명이 존재하지 않는다면, 이해를 하려고 노력하는 것 자체가 무의미해질 수 있다.

결과적으로 관련 주제에 대한 배경지식과 경험이 많아 그 부분을 바로 이해할 수 있거나, 후반부에 보충 설명이 있다는 사실 유무를 아는 것만으로도 독서 진행에 많은 도움이 된다. 따라서 사전에 과속읽기와 비교하기 등을 통해 전체 구조에 대한 맵을 충분히 이해한 상태여야 한다. 그렇게 하면 이런 딜레마를 손쉽게 해결할 수 있게 되는 것이다.

패턴화 단계는 간단히 말해서, 필요한 부분을 집중적으로 보는 단계다. 필요하다면 과속읽기를 한 번 더 할 수 있다. 그렇게 책을 쭉 넘기면서 한 번 더 볼 필요가 있겠다 싶은 부분을 집중적으로 강화해서 보는 것이다. 자신이 활용해야겠다는 부분을 집중적으로 읽어 이해도를 높이는 것이다. 이 과정은 대체로 10분을 소요한다.

과속읽기를 하면서 자신이 생각하는 목적에 가장 부합하는 부분을 자세히 보고 기억을 강화한 다음 그 부분에 대해 차후에 토론을 할 수 있도록 메모를 하기도 한다. 메모를 한 후, 포스트잇과 플래그를 붙인 다음 그 부분을 접어둔다. 대부분의 책들은 앞부분과 뒷부분에 중요한 내용이 있고, 중간에는 설명이 많기 때문에 참고로 하면서 체크한다. 그렇게 패턴화 단계를 통해 자신의 목적에 맞는 핵심사항을 숙지하고, 토론을 위한 준비까지 된다면 패턴리딩이 일단락된 것이다.

패턴리딩

발전 단계

지금까지는 정보 습득을 위한 기본적인 패턴리딩의 프로세스였다면, 이 발전 단계에서는 좀더 빠른 독서를 위한 스피드업 트레이닝(speed-up training) 과정을 이야기할 것이다. 기본 단계를 다른 말로 파워업 트레이닝(power-up training)이라고도 하는데, 두 트레이닝 과정을 비교하면 스피드업 트레이닝은 저자가 쓴 내용이나 주제를 먼저 파악하고 읽는 것이고, 파워업 트레이닝은 저자와 상관없이 자신의 임의대로 본문을 먼저 읽는 것이다.

스피드업은 먼저 주제를 보고 전체를 보는 것이다. 반면 파워업은 저자의 의견과 내 의견의 차이를 인정하고 주관적으로 읽는 것이다. 스피드업과 파워업의 차이는 비유하자면 서평과 독후감의 차이와 같다. 독후감은 자신이 읽은 느낌을 주관적으로 적으면 된다. 반면 서평은 객관적으로 입증할 수 있는 의견이 정확하게 들어가야 한다. 따라서 그런 차이를 생각하면서 기본 단계가 끝난 사람들은 상대적으로 다소 난이도가 높은 스피드업 트레이닝의 발전 단계에 도전해보기를 바란다.

기본 단계인 파워업 트레이닝과 발전 단계인 스피드업 트레이닝을 병행한다면 충분한 정보를 습득하면서도 더욱 속도감 있고 객관적으로 읽는, 상당히 발전적인 패턴리딩의 단계에까지 올라설 수 있다. 스피드업 트레이닝 과정의 내용은 기본 단계와 비슷하지만 순서가 조금 다르다. 전체적인 프로세스를 도식화하면 다음과 같다.

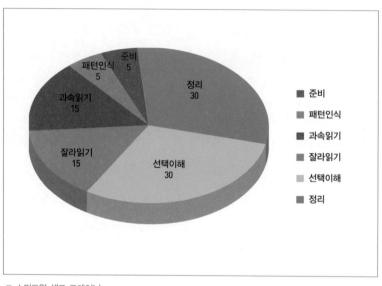

■ 스피드업 셀프 트레이닝

기본 단계와 반복되지만 다시 한 번 정리하면, 독서 준비에 있어
서는 독서의 동기와 목적, 도서의 선정, 독서환경, 독서 계획, 독서
의식 등을 점검해야 한다. 포스트잇을 이용해서 해당 사항에 대해
서 정리를 해두는 것이 좋다. 패턴리딩 강의를 들은 모 회원은 책을
받으면 책에 자신의 사인을 한다고 한다. 그와 같이 편안하게 호흡

을 하면서 '이제 내가 달라지기 시작할 것'이라고 마음을 먹으면서 시작하면 된다.

패턴리딩 발전 단계 Step 2 | 패턴인식

패턴인식은 본문에 들어가기 전까지 차례, 머리말, 추천사 등을 집중해서 읽는 것이다. 처음에 커다란 포스트잇을 붙이고, 본문이 시작되는 첫 페이지에 작은 포스트잇을 하나 붙인다. 이 작은 포스트잇이 나올 때까지 머리말, 차례 등을 쭉 본다.

포스트잇을 붙이는 가장 중요한 이유는 기록을 남기기 위해서다. 맨 앞의 포스트잇에는 패턴인식이라고 쓴다. 그다음의 작은 포스트잇에는 '2010년 11월 15일' 이렇게 날짜를 적는 것이 좋다. 내가 읽었다는 표시를 하라는 것이다. 그다음의 큰 포스트잇은 다음 단계인 과속읽기에서부터 메모하는 용도로 사용한다. 키워드를 적거나 핵심 문장을 적는다. 이것이 모이면 주요 골격이 되고 나중에 독후감과 서평의 근거도 된다.

읽는 방법은 책의 차례대로 읽는 것이 아니라 중요한 것에서 덜 중요한 것의 순서로 읽는다. 책을 전체적으로 파악하는 단계이므로, 너무 부담을 가질 필요는 없다. 이 책이 어떤 책인지 다양한 각도로 살펴보는 것이 좋다. 책 제목을 보고, 부제목도 보고, 두께도 한번 만져보고, 책을 넘겨서 향도 느껴보고 표지의 디자인과 색깔도 본다. 예를 들어 책의 디자인에서 핵심 색이 보라색이라면, '보라색이 에너지를 주는 색이어서 출판사에서 보라색을 선택했을까' 하는 생각도 해보는 것이다. 그렇게 해서 기본적인 준비가 끝나면, 중요한 것에서 덜 중요한 것의 순으로 패턴인식을 마친다.

패턴인식을 한 후에는 큰 포스트잇에 기억나는 단어나 내용을 적어보는 것이 좋다. 저자가 무엇을 강조했는지, 어떤 내용이 기억나는지 적는 것이다. 책을 보며 적거나, 억지로 쓴다는 생각에 스트레스 받지 말고, 마음 편하게 생각나는 대로 적어보는 것이 좋다. 다소 번거롭더라도 이후의 단계에서도 잠깐 멈추고 기억나는 것을 포스트잇에 적어보는 것을 습관화하면 훨씬 더 좋은 효과를 거둘 수 있다.

패턴리딩 발전 단계 Step 3 / 과속읽기

과속읽기 방법으로 1페이지당 1초씩, 단시간 내에 여러 번 책을 읽어 책의 내용을 뇌에 인지해야 한다. 독서준비 5분, 패턴인식 5분이 끝난 다음에 과속읽기를 15분 동안 한다. 과속읽기에는 10가지가 넘는 방법이 있다. 우리의 뇌는 지루한 것을 싫어하기 때문에 다양한 방법을 사용해서 자극을 주는 것이다.

과속읽기의 방법은 기본 단계에서 소개했으므로 여기서는 생략한다. 다만 과속읽기를 실제로 훈련한 분들이 느꼈다고 이야기하는 공통된 효과를 정리하면 다음과 같다.

- 묵독하던 습관을 없애준다.

- 텍스트를 처리하는 능력을 높여준다.

- 의식의 지루함을 덜 느끼게 한다.

- 독서를 게임처럼 느끼게 해준다.

- 자신만의 지식패턴을 찾게 해준다.

- 마지막 페이지를 읽게 함으로써 성취감을 높여준다.

- 더 잘 이해하고, 더 잘 활용할 수 있도록 더욱 투자할 수 있게 해준다.

패턴리딩 발전 단계 Step 4 　잘라읽기

잘라읽기는 특정 위치의 중요한 내용을 포착한다. 이때 다음과 같이 위치값을 아는 것이 중요하다.

위치값

문장	목적어
문단	두괄식/미괄식
책 전체	서론/본론

잘라읽기는 문장에서 특정 위치의 중요한 내용을 포착하는 것이다. 문장에서는 목적어를 찾는 것이다. 문단에서는 핵심 문장을 찾는 것인데, 요즘에는 핵심 문장이 뒤에 있는 미괄식보다는 핵심 문장이 앞에 있는 두괄식이 흔히 쓰인다. 그런데 일반인들이 책을 읽

을 때는 병렬식으로 읽는다. 그렇게 병렬식으로 처음부터 끝까지 줄 줄 읽다보면 앞에 무엇을 읽었는지 알 수가 없다. 따라서 잘라읽기를 하면 무엇을 읽었는지 확실하게 알 수 있다.

잘라읽기는 문장에 가중치를 부여하는 것이다. 앞서도 말했지만 우리 눈의 주시점을 결정하는 것은 뇌이다. 다음은 도미니크 오브라이언의 말이다.

"그렇다면 눈은 다음 주시점을 어떻게 알까요? 눈이 아니라 뇌가 그 역할을 합니다. 뇌는 우리가 의식적으로 '보는 것' 뿐 아니라 초점의 주변에 있는 사물을 무의식적으로 받아들입니다. 뇌는 이 정보를 바탕으로 다음에 어디에 초점을 두어야 할지를 결정합니다. 그래서 우리는 실제로 초점을 맞추고 의식적으로 보기 전에, 현재 시야 안으로 들어오는 물체에 반응할 수 있는 것입니다. 시야 밖에서 날아오는 공이나 돌 같은 물체를 피할 수 있는 것도 이 때문입니다. 다시 말해서 우리는 동시에 의식적·무의식적으로 봅니다."

쉽게 이야기하자면 잘라읽기는 뇌에 가중치를 부여하여 눈의 주시점이 그쪽으로 가도록 만드는 것이다.

잘라읽기를 할 때는 건너뛰기를 병행한다. 요즘 책들은 중심 문장을 먼저 쓰고 그 뒤에 설명하는 문장을 쓰는 경우가 많기 때문에 문제가 없다. 독자들은 뭔가 놓치는 것은 아닌가 하는 고민이 들 수

패턴 리딩

도 있겠지만, 선택이해의 과정에서 과속읽기와 변속읽기를 하면서 우리의 눈과 뇌에 인식을 시킬 것이기 때문에 미리 걱정할 필요는 없다.

잘라읽기는 15분에 마치는 것을 기본으로 하는데 잘라읽기를 할 때도 모든 문장을 읽는 게 아니라 과속읽기와 변속읽기를 병행한다. 예컨대 과속읽기는 1페이지에 1초를 쓰고, 변속읽기는 10초를 사용하는 것이다.

실제로 패턴리딩 스피드업 트레이닝을 해본 분들이 과속읽기를 하다가 변속읽기를 하면, 시간이 남는 경우가 있다고 말한다. 예전에는 그 시간이 짧게 느껴졌을 텐데, 1초를 주다가 10초를 주니까 다 읽고 시간이 남는 경우까지 생기는 것이다. 따라서 빨리 읽어도 우리의 뇌는 이해할 수 있다는 패러다임의 전환을 경험하게 되는 것이다.

끝으로 잘라읽기의 핵심은 위치값을 찾는 것이라는 점을 잊어서는 안 된다. 위치값을 찾으면 자기가 책을 읽으려고 했던 목적이 드러난다. 그렇기 때문에 사람마다 포스트잇을 붙인 위치값은 다를 것이다.

패턴리딩 발전 단계 Step 5 　선택이해

선택이해는 크게 네 가지로 정리된다. 첫 번째는 아! 라는 감탄사, 두 번째는 설명, 세 번째는 전달, 네 번째는 요점정리다. 선택이해는 이 네 가지 단계를 거쳐야 한다.

자신은 다 알고 있다고 생각해서 전달했는데 상대방이 이해를 못한다면 자신 역시 다 아는 상태가 아니라고 봐야 한다. 따라서 상대방이 아! 라는 감탄사가 나올 수 있도록 설명하고 전달할 수 있어야 한다. 그리고 스스로 요점정리를 하고 기록물로 남길 수 있어야 한다. 그렇게 네 가지를 모두 마칠 수 있어야 발전 단계의 마지막 스텝인 선택이해를 끝낸 것이다.

강화 단계

강화 단계는 창의력과 직관력을 특별히 강화하는 단계로, 기본 단계를 거치고 나서 기본 단계의 정보를 머릿속에 입력한 후 의도적으로 시간을 보내는 단계다. 긴장을 푼 상태로 하룻밤을 보내면서 자신이 읽은 책의 내용을 무의식적으로 숙성시킨다. 그 와중에 책의 내용은 준비, 이완, 활성화의 세 단계를 통해 완전히 기억 속에 자리 잡는다.

패턴리딩 강화 단계 Step 1   준비

인간의 뇌는 선천적으로 잠재의식을 통해 정보를 처리하는 능력을 가지고 있다. 따라서 인간의 정신을 자유롭게 활동할 수 있도록 함으로써 무한한 능력을 발견할 수 있다. 이 단계는 기본 단계에서 패턴리딩한 내용이 잠재의식 속에 완전히 스며들었음을 확신하는 단계다.

패턴리딩 강화 단계 Step 2 이완

잠재의식 속에 패턴리딩한 내용이 들어 있음을 확신한다면 이제 육체적·정신적 긴장을 완전히 풀어준다. 편안한 상태로 휴식과 수면을 취하면서 패턴리딩한 정보들을 완전히 숙성시키는 단계다.

패턴리딩 강화 단계 Step 3 활성화

준비와 이완을 지나면 잠재의식과 교류할 수 있는 단계인 활성화 단계가 된다. 이제 기억 깊숙이 자리 잡은 패턴리딩한 자료들에 접근 가능한 상태가 된다. 따라서 언제 어디서나 주어진 환경에 대한 정보를 얻을 수 있다.

독서법을 많이 배웠는데도 효과가 없다면

패턴리딩 교육 과정을 진행하면서 많은 분들과 상담을 하게 되는데, 그 중 유난히 과정에 대해 집요하게 질문을 던지는 분이 있었다. 이유를 알아보니, 그분이 오랜 시간 동안 엄청난 비용을 들여 독서법을 배워왔지만, 제대로 되는 게 하나도 없었다는 것이다. 그러면서 패턴리딩은 결과에 대해 책임을 질 수 있느냐, 근거가 무엇이냐, 비용은 얼마냐 등등의 질문을 계속 던졌다.

필자가 그분을 향해 한 가지 질문을 던졌다.

"○○○님, 혹시 훈련 과정 동안 몇 권의 책을 읽으셨나요?"

"6개월 동안 10여 권 정도밖에 못 읽었습니다. 그러니 제가 이렇게 불신하는 거죠…."

독서능력 개선을 방해하는 요인은 여러 가지가 있으나 필자가 가장 큰 문제로 꼽는 것은 애당초 책 자체를 적게 읽어서 이해를 못하는 것이다. 본문을 읽는 과정에서 특정 문장이나 단어가 이해되지 않을 경우, 자신도 모르게 그 부분에 머무르면서 이해하려고 노력하게 되는데, 그 내용이 본문의 후반부에서 설명되거나, 그 책에서 애당초 설명되지 않을 경우, 시간만 잡아먹을 뿐 결국 이해는 이루어지지 않는다. 이는 특정한 주제의 책을 연속으로 10권을 읽었을 때, 첫 번째 읽은 책과 마지막에 읽은 책의 독서 속도를 비교해보면 쉽게 알 수 있는데, 독서 기술의 변화가 전혀 없어도 책 읽는 속도가 2~3배 이상 빨라지는 이유는 바로 내용의 이해력이 높아져 이해가 되지 않아 정체되는 경우가 사라지기 때문이다.

앞서 언급한 사례 역시 마찬가지다. 일반적인 독서능력 향상 교육을 정상적으로 시행했다면, 6개월간 최소 60권 이상의 독서를 하는 게 바람직하다. 그러나 10여 권에 불과하다는 것은, 교육 과정에서 요구하는 기본 훈련 시간조차도 투자하지 않았다는 얘기밖에 되지 않는다.

가르치는 입장에서 홀로 연습할 수 있는 동기를 부여하는 것도 강사의 역량이기는 하지만, 적어도 자신이 교육 과정을 제대로 습득했는지를 판단하려면, 최소한의 훈련 시간을 지키는 태도가 매우 중요하다.

왜 본문을 먼저 읽어야 할까

패턴리딩은 최초 독서 단계에서 머리말이나 추천사, 차례를 먼저 보라고 말하지 않는다. 오히려 머리말과 차례를 구분시킨 후 본문을 먼저 읽도록 한다. 정확히 표현하면, 본문을 먼저 '과속읽기' 하는 것이다. 패턴리딩에서 한 권의 책을 '읽었다' 는 것은 책 전체를 약 6번 정도 보는 것을 의미한다.

머리말과 차례는 대개 저자와 편집자의 사고 패턴이 고스란히 들어 있다. 이 부분을 먼저 보고 읽게 되면, 책을 빠르고 깊게 이해하는 데는 적합

할지 몰라도 자신의 사고 패턴을 찾아내는 데는 실패함으로써 '창의력' 과 '직관력' 강화에는 도움이 되지 않는다.

광고에서도 인정한 인간의 잠재능력

TV는 1초에 30장의 정지 영상을 연속으로 내보낸다. '주사' 라는 방식을 포함하면 30장의 사진은 60장 정도로 늘어나며, 이 영상들을 가진 잔상이 라는 현상으로 인간의 눈에는 움직이는 것처럼 보이게 만든다. 그런데 30장의 사진 중 한 장의 사진을 교체해 광고성 영상을 삽입하는 실험을 했다고 한다. 실험에 참가한 사람들은 그 영상의 존재를 전혀 느끼지 못했다. 그런데 실험이 끝난 후 실제 행동은 그 영상으로 인해 영향을 받은 결과를 보였다고 한다. 그래서 현행 광고에서는 이런 삽입 광고를 엄격하게 금지하고 있다. 법으로 인정한 인간의 잠재능력 중 하나이다.

패턴리딩 실전 에피소드

패턴리딩을 실전에서 숙련하는 단계에서는 다섯 가지 유형으로 에피소드가 발생한다. 다섯 가지 유형은 다음과 같다.

- 줄줄이 읽어간다
- 숲과 나무 보기
- 삼육구 스토리
- 맛과 색깔대로 읽는다
- 우리 가족 3분 스피치

각각의 에피소드를 살펴보면 다음과 같다. 첫 번째, 줄줄이 읽어간다는 것은 문장 단위로 줄줄이 읽는 것이 편하게 느껴지기 시작한다는 뜻이다. 선택이해의 단계에 가면 특별히 모두 읽고, 그렇지 않은 경우라도 첫 줄은 반드시 읽게 된다. 중요하지 않은 줄은 줄줄이 읽으면서 거의 동시에 넘기는 형태가 된다. 그리고 모든 본문을 읽게 되면서 문장 이해력이 신속해진다. 또한 장별로 위치값을 체크하고 패턴 맵을 만들 수 있게 된다.

두 번째, 숲과 나무 보기는 패턴을 바탕으로 구조를 파악할 수 있게 된다는 뜻이다. 한번 숲을 보게 되면 나무를 볼 수 있는 여유가 생긴다. 이제 나무를 본 다음에는 잠시 쉬고, 다시 숲과 나무를 본다. 그러면 잠시 쉬는 동안 많은 정보들이 연결되면서 더욱 풍성하게 숲과 나무를 관찰할 수 있게 된다. 따라서 패턴리딩의 과속읽기가 숲을 보는데 아주 중요한 기법이라는 것을 알게 된다. 그 후 선택이해의 과정을 통해 충분한 시간을 두고 진행하면서 나무를 완성시킨다면, 숲과 나무 전체를 설명할 수 있게 된다.

이제 세 번째, 삼육구 스토리를 알아보자. 3으로 구성된 것에는 어떤 것들이 있을까? 삼원색, 가위 · 바위 · 보, 초급 · 중급 · 고급, 믿음 · 소망 · 사랑, 천 · 지 · 인 등 다양한 것들이 있다. 무엇인가를 마스터한다는 것은 모두 3단계로 이루어져 있다. 스포츠를 마스터하는 것도 3단계를 거친다. 탁구를 배운다면, 처음에는 가장 기본 기술인 포핸드, 백핸드, 발리 등을 익힌다. 다음으로 응용 단계에서 드라이브, 컷트 등을 배우고, 마지막에는 게임하는 기술을 배운다. 패턴리딩 역시 3단계로 진행된다.

패턴리딩 진행 단계

초급단계	중급단계	고급단계
패턴인식	묵상과 정리	주제별 · 저자별 읽기
과속읽기	암기	섞어읽기
선택이해	3분 스피치	강의안 만들기
정보텔링	서평과 독후감	창작텔링 · 기술
저자와 공감	자신과의 공감	세상과의 공감
저자 아이디어	창의적 아이디어	통섭 아이디어
책 읽기 부담감	책 읽기 수월해짐	책 읽기 즐거움
취사선택 어려움	취사선택 가능	취사선택 자유로움

필자 역시 패턴리딩을 하면서 이 3단계를 거쳤다. 초급단계에서 패턴인식, 과속읽기, 선택이해를 하며 기본 기술을 익혔다. 그리고 중급단계가 되어서는 초급단계에서 하는 것들이 자연스러워졌다. 그러면서 묵상과 정리를 하는 시간이 많아졌다. 자연스럽게 암기가 되었고, 사람들을 찾아가 3분 스피치를 하면서 정리를 했다. 현재는 주제별 · 저자별로 섞어 읽으면서 강의안을 만들어 남에게 전파하는 단계에 이르게 되었다.

먼저, 초급단계에서는 어떤 일이 벌어지는지 살피게 된다. 그리고 이 책에 무슨 정보가 있고, 저자가 어떤 이야기를 했고, 저자의 생각이 무엇인지 파악한다. 그러다 중급단계가 되면 배경지식이 쌓이면서 그것을 평가할 수 있는 능력이 생긴다. 그리고 저자의 의견에 공감하면서 저자의 아이디어를 통해 새로운 아이디어가 떠오르기도 한다. 마지막 단계에서는 당연히 저술 활동을 하게 되는 것이다. 필자 역시 창작텔링이 되고, 남에게 없는 것들이 만들어지니까 필자 자신만의 즐거움을 넘어 세상 속에서 공감을 일으킬 수 있게 되었다. 결국 여러 학문을 뛰어넘는 통섭의 아이디어까지 떠오르게 된 것이다.

초급단계에서는 책을 보면 부담이 느껴졌는데, 점차 그런 마음이 없어지고 책을 편안하고 즐겁게 대할 수 있게 되었다. 그리고 책을 취사선택하는 과정이 매우 어렵게 느껴졌었는데, 그런 것도 자유자재로 가능하게 되었다. 시기에 따라 필요한 것과 필요 없는 것을 구분할 수 있게 되었다.

네 번째 에피소드는 책을 맛과 색깔대로 읽는다는 것이다. 책에는 각각의 색깔이 있다. 책을 읽으면서 어떤 색깔이 있는지를 발견해내는 것은 흥미로운 일이다. 슬픔의 책인지, 환호하는 책인지, 아니면 정보를 잔뜩 싣고 있는 무거운 책인지 책이 지닌 고유한 색깔을 읽을 수 있다. 정보 형태의 실용서도 있고, 연설가들이 전하는 메시지 형태의 책도 있고, 감동적인 이야기가 담긴 책도 있다. 패턴리딩을 하다 보면 책들이 가지고 있는 이런 복합적인 형태가 하나의 색깔로 읽힌다.

다섯 번째 에피소드는 우리 가족 3분 스피치이다. 참가자는 남편, 아내, 자녀이고 시간은 밤 11시 등의 형태로 정할 수 있다. 하루 동안 패턴리딩한 책에 관해 3분간 이야기함으로써 가족들 간에 서로의 생각과 감정을 교류한다. 3분 스피치를 하면 기쁨과 감동이 발생하고 단순한 정보부터 삶의 감동까지 서로 공유하면서 하루를 마무리 지을 수 있다. 이런 3분 스피치를 생활화한다면 패턴리딩을 통해서 삶이 풍요로워지는 것을 느낄 수 있을 것이다. 패턴리딩 숙련과정에서 다섯 가지 에피소드를 경험하면서 지식의 영토 위에 자유롭게 비상하기를 바란다.

패턴리딩 훈련법

가중치 부여 기법의 핵심을 파악하라

우리가 매 순간 접하는 모든 텍스트들은 그 위치에 따라 의미도 비중도 달라진다. 단지 많이 반복되었다는 것만으로는 그 단어가 비중이 있다고 단정할 수 없다. 일반적으로 한 문장에서 가장 중요한 단어는 목적어 위치에 있다. 또한 한 문단에서 가장 중요한 문장은 처음과 끝의 두 문장에 있다.

다음의 예시 문제를 확인한 다음, 제시된 실전 문제를 풀어보자.

〈예시 문제 1〉

우리는 민족중흥의 역사적 사명을 띠고 이 땅에 태어났다.

1) 이 문장에서 가장 중요한 단어를 하나 고르시오.

2) 이 문장에서 가장 불필요한 단어를 고르시오.

해답 — 가장 중요한 단어는 '사명을'이고, '민족중흥의', '역사적'
'이', '땅에'가 불필요한 단어에 해당된다.

〈예시 문제 2〉

> 그렇다면 눈은 다음 주시점을 어떻게 알까요? 눈이 아니라 뇌가 이 역
> 할을 합니다. 뇌는 우리가 의식적으로 '보는 것'뿐 아니라 초점의 주변에
> 있는 사물을 무의식적으로 받아들입니다. 뇌는 이 정보를 바탕으로 다음
> 에 어디에 초점을 두어야 할지를 결정합니다. 그래서 우리는 실제로 초점
> 을 맞추고 의식적으로 보기 전에, 현재 시야 안으로 들어오는 물체에 반응
> 할 수 있는 것입니다. 시야 밖에서 날아오는 공이나 돌 같은 물체를 피할
> 수 있는 것도 이 때문입니다. 다시 말해서 우리는 동시에 의식적·무의식
> 적으로 봅니다.

1) 이 글에서 가장 중요한 부분은 어디일까요?

2) 이 글에서 두 번째로 중요한 부분은 어디일까요?

해답

그렇다면 눈은 다음 주시점을 어떻게 알까요? 1) 눈이 아니라 뇌가 이

역할을 합니다. 뇌는 우리가 의식적으로 '보는 것' 뿐 아니라 초점의 주변에 있는 사물을 무의식적으로 받아들입니다. 뇌는 이 정보를 바탕으로 다음에 어디에 초점을 두어야 할지를 결정합니다. 그래서 우리는 실제로 초점을 맞추고 의식적으로 보기 전에, 현재 시야 안으로 들어오는 물체에 반응할 수 있는 것입니다. 시야 밖에서 날아오는 공이나 돌 같은 물체를 피할 수 있는 것도 이 때문입니다. 다시 말해서 2) 우리는 동시에 의식적·무의식적으로 봅니다.

〈실전문제〉

코칭을 하려면 다른 사람에게 관심을 가져야 한다. 자신만이 정당하고 위대하다고 생각하는 자아도취에 빠져서는 안 된다. 그간 자신만을 비춰보던 거울로 주변을 한번 비춰보라. 여러분이 다른 사람들에게 관심을 갖고 그들이 자신을 비춰볼 수 있게 도와주면 그들도 자신의 모습에 대해 진지하게 생각하게 될 것이다. 그리고 스스로의 잠재력을 발견하는 것은 물론 여러분과 함께 시너지효과를 창출할 수 있다는 사실도 알게 될 것이다.

– 스티븐 스토웰의 《윈윈 파트너십》 중에서

1) 이 글에서 가장 중요한 문장과 두 번째로 중요한 문장을 찾아본다.
2) 자신이 찾은 문장과 이 글의 핵심 의미를 생각해본다.

'가중치 부여 기법'은 1998년 말에 필자가 개발한 언어분석 기법이다. 처음 개발할 때는 검색엔진을 만들기 위해 '자연어 처리 기법' 을 활용했다. 요즘 네티즌들이 네이버 지식검색을 많이 사용하는데, 이를 완전 자동화하기 위해 개발한 기법이다. 개인적인 이야기지만, 사업은 보기 좋게 실패했다. 하지만 수년이 지나 독서 기법에 활용되고 있고, 패턴리딩이 상당히 깊은 과학적 근거 위에 형성되었다는 것을 설명하고 있다.

필자가 분석한 바에 따르면, 대부분의 글은 두괄식이다. 최소한 전반부에 '질문' 이 등장해서 다음 문장이 어떤 내용을 담을 것인지를 알려준다. 결과적으로 거의 대부분의 문장은 첫머리에 본문에 대한 선행 의미가 담겨 있다. 따라서 본문의 첫 두 문장으로 본문 전체의 내용을 예측하는 것이 가능하며, 이것만 골라 읽으면 읽기의 양을 3분의 1 이하로 줄여도 전체 내용을 이해하는 데 거의, 아니 전혀 영향을 주지 않는다.

아이디어를 구체화시켜라

아이디어가 많이 구체화될수록 창의적인 접근에 가까워지는 것은 자명하다. 다음은 이러한 아이디어를 얻을 수 있는 기법들을 소개한 것이다.

패턴리딩

손으로 아이디어를 스케치하라

항공사는 전통적으로 대규모 공항을 중심축으로 삼아 승객들을 일단 집결시킨 뒤 바퀴살처럼 연결된 인근 소규모 공항들로 승객들을 나눠 보내는 허브 앤 스포크(Hub & Spoke) 시스템에 의존하고 있었다. 기존 항공사들을 꺾을 방법을 궁리하던 허브 캘러허는 펜을 집어 들고 냅킨에다 그림을 그리기 시작했다. 그는 댈러스, 휴스턴, 샌안토니오를 나타내는 세 점을 표시하고 세 도시를 직항으로 연결하는 화살표를 그림으로써 문제를 해결했다. 이 간단한 손 그림에서 사우스웨스트 항공사의 신화가 탄생했다는 이야기는 유명하다.

사우스웨스트 항공사의 성공 비화와 유사한 예는 헤아릴 수 없이 많다. 예술가들의 작품 아이디어부터 첨단 IT기업의 창업 및 경영전략, 국가 차원의 군사전략까지 수많은 혁신적 아이디어들이 연필과 펜 끝에서 탄생했다.

손으로 써야 창의적인 것이 떠오른다. 인간의 두뇌는 비효율적이기 때문에 소리 내어 읽을 때와 손으로 쓸 때가 다르다. 정리가 잘 안 될 때는 손으로 한번 써보라.

포스트잇을 활용하라

포스트잇은 크기도 다르고 색깔도 다양하다. 펜을 살 때 써보는 이유는 잘 나오는지를 보기 위해서가 아니라 느낌을 보기 위해서이다. 포스트잇을 살 때도 마찬가지다. 혹시 '돈을 들이면서까지 포스트잇을 살 필요가 있을까' 하고 회의적인 생각이 든다면, 이렇게 이야기하고 싶다. 아이디어를 놓치는 것에 비하면, 포스트잇을 사는 것이 훨씬 싸게 먹힌다고.

만다라트

만다라트는 일본의 한 디자이너가 고안해 일본에서 선풍적인 인기를 발상법이다. 9개의 네모난 칸으로 이루어진 정사각형을 그려놓고 한가운데 칸에 중요한 내용을 쓰고 나머지 8칸에 연관되는 단어들을 나열한다. 총 9개 중에 바깥에 쓴 것들에 확장될 수 있는 아이디어가 있다. 그러면 새로운 만다라트를 꺼내서 그 단어를 가운데 쓰고 확장시킨다. 만다라트의 경우에는 9칸을 키우는 것이 아니라 9칸을 여러 카드로 만들어야 한다. 9칸을 더 키우는 것이 아니

직관력		
	독서법	집중력
	창의력	

	창의력	

■ 만다라트의 예

패턴리딩

라, 그 특정 주제와 관련된 여러 카드를 비교하는 것이다.

마인드맵

생각의 가지치기를 통해서 생각들을 정리한다. 옆으로 돌려 세우

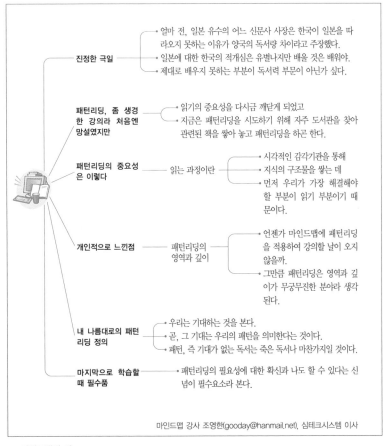

진정한 극일

- 얼마 전, 일본 유수의 어느 신문사 사장은 한국이 일본을 따라오지 못하는 이유가 양국의 독서량 차이라고 주장했다.
- 일본에 대한 한국의 적개심은 유별나지만 배울 것은 배워야.
- 제대로 배우지 못하는 부분이 독서력 부문이 아닌가 싶다.

패턴리딩, 좀 생경한 강의라 처음엔 망설였지만

- 읽기의 중요성을 다시금 깨닫게 되었고
- 지금은 패턴리딩을 시도하기 위해 자주 도서관을 찾아 관련된 책을 쌓아 놓고 패턴리딩을 하곤 한다.

패턴리딩의 중요성은 이렇다 — 읽는 과정이란

- 시각적인 감각기관을 통해
- 지식의 구조물을 쌓는 데
- 먼저 우리가 가장 해결해야 할 부분이 읽기 부분이기 때문이다.

개인적으로 느낀점 — 패턴리딩의 영역과 깊이

- 언젠가 마인드맵에 패턴리딩을 적용하여 강의할 날이 오지 않을까.
- 그만큼 패턴리딩은 영역과 깊이가 무궁무진한 분야라 생각된다.

내 나름대로의 패턴리딩 정의

- 우리는 기대하는 것을 본다.
- 곧, 그 기대는 우리의 패턴을 의미한다는 것이다.
- 패턴, 즉 기대가 없는 독서는 죽은 독서나 마찬가지일 것이다.

마지막으로 학습할 때 필수품

- 패턴리딩의 필요성에 대한 확신과 나도 할 수 있다는 신념이 필수요소라 본다.

마인드맵 강사 조영한(gooday@hanmail.net), 심테크시스템 이사

■ 마인드맵의 예

면 피라미드 모양이 되기도 하며, 핵심적인 아이디어에서 가지를 쳐서 파생되는 형식이다. 즉 흩어져 있는 정보들을 맵핑하기 시작하면 그 아이디어의 기억력이나 이해력이 높아진다. 마인드맵을 그리면 역사적 사건, 대통령 이름이나 지역별 특산물들을 외우기도 쉽다.

오스만의 체크리스트

9가지 질문에 답하고, 스스로 평가해보는 습관을 기른다.

- **전용한다** 지금 이것을 다른 곳에 쓴다. 전자레인지에 쓰인 기술은 원래 레이더 기술에서 출발했다.
- **응용한다** 같은 기술인데, 응용하여 전혀 다른 물건을 만든다.
- **변경한다** 의미, 색, 움직임, 냄새, 모양 등을 바꾸어본다.
- **확대한다** 크게, 길게 빈도를 늘리거나 시간을 연장해본다.
- **축소한다** 기능을 빼거나, 작게 만들어본다.
- **대용 · 대체한다** 사람이나 물건, 장소, 재료 등을 바꿔본다. 사람이 하던 청소를 기계가 하면 어떨까, 맹인 안내를 사람이 아닌 동물이 하면 안 될까 등은 전기청소기의 발명, 맹인안내견의 등장으로 발현되었다.
- **치환한다** 교체하거나 순서를 바꿔놓는다. 예를 들어 공장 같은 경우에 공정을 바꿔보면 효과가 높아지는 경우가 있다.
- **역전한다** 거꾸로 놓거나 상하좌우로 바꾸거나 역할을 반대로 하면

어떨까. 조직도를 사장부터 그려 내려오는 것이 아니라 반대로 평사원부터 그려 올라가면 직원들이 보기에 새로운 접근법이 되지 않을까.

- **결합한다** 휴대용 IT 기기에 컨버전스 바람이 거세다. 요즘엔 휴대폰에 전화 기능은 물론 MP3, 카메라, 무선인터넷 등의 기능을 결합해서 나오는 게 기본이다. 이와 반대로 본연의 기능에 충실한 디버전스 흐름도 꿋꿋이 이어지고 있다. 여러 기능이 결합되어 있는 스마트폰이 있음에도 MP3 플레이어, 디지털카메라, 노트북 등을 각각 구입해서 이용하는 소비자도 적지 않다.

브레인스토밍의 7가지

브레인스토밍이란 자유로운 토론을 통해 창조적인 아이디어를 끌어내는 아이디어 개발 방식의 일종이다. 많은 기업체에서 기획 회의를 할 때 브레인스토밍 방식을 쓴다.

브레인스토밍이라고 하면 아무 기준 없는 난상토론이라고 오해할 수도 있을 텐데, 세계적인 디자인 회사인 이데오(Ideo)에서는 브레인스토밍을 할 때 아래와 같은 기준을 둔다고 한다.

- 초점을 명확히 한다.
- 놀이하는 기분으로 참가한다.
- 아이디어 수를 헤아린다.
- 힘을 축적하여 도약한다.

- 장소는 변화시킨다.
- 정신의 근육을 긴장시킨다.
- 신체를 사용한다.

사고의 폭을 넓혀라

관련 분야에 대해 많은 지식을 축적하라

한 분야를 지나치게 파는 것은 좋지 않다. 그 이유는 관련된 분야들에 대한 지식을 종합적으로 받아들여야 자기의 위치가 보이고 방향이 보이는데, 자기 분야만 보다 보면 엉뚱한 방향으로 갈 수 있기 때문이다.

예를 들어 비행기는 수시로 여러 관제탑과 교신을 하면서 항로를 수정한다. 단순히 정해진 방향으로만 간다면 목적지에 도달할 수 없다. 사소한 작은 오차가 시간이 갈수록 커져서 결국 목적지에 도착하지 못하게 될 것을 염려한 옛날 선원들이 등대와 하늘의 별들을 지표로 삼았듯이, 주변의 지식들과 정보들을 비교해서 자신의 위치를 끊임없이 확인해야 한다.

관련된 분야의 다양한 사람들을 만나라

정보를 습득하고 활용하고자 할 때 책만으로는 어려울 때가 있다.

책에 담긴 지식을 깊숙이 이해할 수 없는 경우다. 앞서도 이야기했지만 커뮤니케이션의 오류는 정확한 정보전달을 방해한다. 그렇기 때문에 이것을 보정할 수 있는 방법이 필요하다. 그래야만 명쾌하게 정리되고, 갖고 있는 정보도 새롭게 이해된다.

이것을 해결하는 방법 중 가장 좋은 것은 관련 전문가를 찾는 것이다. 최근에는 이메일을 통해 소통을 하는 것도 손쉬워졌고, 인터넷 카페 등 커뮤니티, 트위터나 페이스북 같은 SNS 등을 통해 인맥을 쌓고 교류하는 것도 용이해졌다. 그래서 예전과 달리, 관련 분야 전문가들과 소통하는 것도 어렵지 않아졌다. 여러 경로를 통해 적극적으로 전문가들과 접촉하고 이를 통해 정보를 축적하고 활용해보자.

다양한 경험을 쌓아라

직장에서의 업무나 경영의 성과를 높이기 위해서는 자원봉사 단체나 종교 단체 등에서의 다양한 경험을 통해 자기 분야의 새로운 차원을 모색해보는 것이 중요하다. 일이 진척되지 않을 때는 사람들이 없는 한적한 곳을 찾거나 일하는 장소를 바꿔보는 것도 방법이다. 그래도 안 되면 분위기와 환경을 과감하게 바꿔보는 것도 좋다.

내 안의 천재성을 일깨워라

인간은 잠재능력만 본다면 천재 아닌 사람이 없다. 잠재능력의

1%만 발전시켜도 아이큐가 확 높아질 정도로, 사람은 자기 두뇌의 10%도 못 쓰고 있다. 우리는 누구나 아인슈타인 못지않은 천재다. 스스로 아인슈타인 못지않은 창조적인 아이디어를 낼 수 있다고 믿는 것이 중요하다.

몸이 건강해야 머리가 좋아진다

'건강한 몸에 건전한 정신이 깃든다' 는 격언을 그저 상투적인 말로만 들어서는 안 된다. 그 격언은 '건강한 몸에 활발한 두뇌활동이 깃든다' 로 바꿔도 그리 틀리지 않을 것이다. 몸이 피곤하고 아프면 창의적인 생각이 나올 수 없다. 창의적이고 획기적인 생각을 하려면 컨디션이 사고에 영향을 미치지 않게 유의해야 한다. 순수하게 두뇌의 활동을 극대화할 수 있도록 건강을 챙기는 것은 기본이다.

두뇌를 계속 자극하라

손을 이용해 네발로 걷거나, 껌과 사탕을 씹으며 우물우물하는 것, 박수를 치는 것 등은 퇴화된 뇌의 기능들을 복구하는 훈련이 될 수 있다. 이처럼 지속적으로 두뇌를 자극하면 창의적 사고력을 향상시키는 데 도움이 된다.

무한한 잠재력을 믿어라

거울을 보면서 "넌 참 똑똑해" "넌 천재야" "머리가 좋아" "새로운 아이디어를 떠올릴 수 있어"라고 되새기는 긍정적인 사람과, 항상 "넌 왜 이렇게 멍청하게 생겼냐"라고 말하는 부정적인 사람이 있다. 놀랍게도 인간의 뇌는 거짓말을 모른다. 자기 스스로가 되뇌면 그걸 진짜로 믿어버리는 것이 인간의 뇌이다. 그러므로 자기 자신에게 긍정적인 최면을 거는 것이 무엇보다 중요하다.

앞에 나온 사례 중 아이큐 검사 결과 때문에 바뀐 인생을 살게 된 경우를 생각해보자. 갑자기 두 사람을 바꿔버린 것은 무엇일까. 바로 믿음이다. 자신의 무한한 잠재성을 믿느냐 아니냐에 따라서 성공이 좌우되는 것이다.

나만의 방식을 찾는 훈련을 하라

문제를 해결하기 위해서는 두뇌의 리듬을 타야 한다. 그런 후에 문제의식에 골똘하게 집중하는 것이다. 꿈속에서조차 두뇌가 활동할 수 있도록 집중하라. 또한 패러다임을 바꿔보는 것도 좋은 방법이다. 즉 갖고 있는 가치관을 바꾸거나 역할 연기를 한다거나 환경을 바꿔보거나 결정권을 위임하는 것이다.

문제가 해결되지 않는다면 잘못된 질문을 던진 까닭일 수도 있고, 애당초 두 사람이 다른 이야기를 하는 것일 수도 있다. 오늘날 직장에서 부서 간에 커뮤니케이션이 안 된다는 이야기를 자주 한다.

이는 부서마다 전제가 다르고 사용하는 용어의 의미가 다르기 때문이다.

어느 광고기획자는 한 번의 실패도 없이 100% 광고수주로 이어진 자신의 프레젠테이션의 비결로, 고객에게 하고 싶은 이야기가 아니라 고객이 듣고 싶어 하는 이야기를 들려준 점을 꼽았다.

이완 과정을 새로운 문제해결법으로 삼을 수도 있다. 해결해야 할 문제에서 내 신체를 떠나게 만드는 것이다. 잠시 쉬었다가 돌아오면 새로운 접근이 가능해진다. 장소의 변화를 통해 내 몸을 그 상황에서 벗어나게 한 뒤 잠시 물러서서 생각해보라. 정신은 그 문제에 집중하고 있으나 몸의 모든 감각은 전혀 다른 상황을 바라보게 만들면 새로운 것이 나온다. 무언가 새로운 것에 푹 빠져서 잠시 잊어보는 것도 좋다.

누구나 한 번쯤 컴퓨터 때문에 낭패를 본 적이 있을 것이다. 어렵게 리포트나 기획안을 완성했는데 컴퓨터가 바이러스에 걸려 먹통이 되어버린다든가 하면 난감하기 이를 데 없다. 하지만 다시 마음을 가다듬고 작성하면 오히려 그전보다 훨씬 빼어난 결과물을 작성하게 되는 경우가 있는데, 그 이유 또한 새롭게 접근하게 된 때문이다.

창의성은 단순한 것이 아니다. 창의적인 생각을 하는 것 자체를 즐기면서 새로운 시각으로 다르게 바라보라. 전혀 다른 상황, 전혀 다른 사람의 의견으로 뜻하지 않게 문제가 해결된다. 흐름, 경향, 유형들을 바라보려고 노력해야 한다. 신문도 매일 보는 것과 일주일에 한 번 보는 느낌은 다르다. 일간, 주간, 월간 단위로 신문사를 달리해서 한번 보라. 왜 사람들은 같은 일을 놓고 다르게 생각할까. 정보를 취합하고 이를 받아들여 재구성하는 방식이 다르기 때문에 결과물이 다를 수밖에 없다. 중요한 것은 그 정보들을 자신의 방식대로 취합하는 능력을 갖고 있느냐에 달려 있다. 궁극적으로 창의적인 훈련이라는 것은 자기 자신에게 도움이 되는 결론을 내는 나만의 방식, 그 패턴을 찾는 훈련인 것이다.

팀리딩을 하라

패턴리딩이 기존 독서법과 가장 다른 것은 단순히 책을 빠르게 읽는 것만으로는 저자의 생각을 읽을 수 없고 해석이 같을 수 없다는 것을 전제한다는 데 있다. 사람들은 보고 싶은 것만 보는 특성이 있다. 같은 책이 평론가에 따라서 차이가 나는 이유도 여기에 있다. 그러므로 보조 수단을 쓰지 않으면 기본적으로 정보가 전달되지 않는다.

정보를 전달할 때, 정해진 메시지가 한 번에 4~11% 정도밖에 전달되지 않기 때문에 커뮤니케이션의 오류가 발생한다. 정보의 96%는 눈짓, 표정, 말투, 억양, 행동까지 다 표현될 때 제대로 전달된다.

그렇기 때문에 텍스트로 정보를 전달하는 것은 매우 힘들다.

"그거 꼭 해야 돼"에 물음표가 붙느냐 느낌표가 붙느냐에 따라, 또는 그 사물을 콕 찍어서 눈을 부라리는 행동을 하느냐 아니냐에 따라서 상대가 다르게 받아들인다. 하지만 글은 저자가 글을 쓸 때 어디에 비중을 두고 썼는지 정확히 알 수는 없다. 그렇기 때문에 반드시 보정 수단이 있어야 하는 것이다. 가장 훌륭한 보정 수단으로 팀리딩을 꼽을 수 있다.

팀리딩은 똑같은 책을 서로 다르게 읽어보고, 핵심 단어가 서로 다르면 비교해볼 수 있다. 즉 '틀림'이 아닌 '다름'을 찾아내는 것이다. 또한 팀리딩은 읽기에서 멈추는 것이 아니라 읽기는 기본으로 하고 토론을 위주로 한다. 독서가 혼자만의 즐거움이라는 편견은 버려야 한다. 독서는 함께할 수 있고 그렇게 해서 더욱 즐거운 놀이로 만들어야 한다.

항상 전체를 파악하라

인터넷을 기반으로 한 북크로싱(bookcrossing) 운동이 한창인 적이 있었다. 북크로싱은 2001년 미국의 론 혼베이커(Ron Hornbaker)가 '전 세계를 도서관으로' 만들고자 북클럽 사이트 북크로싱닷컴(bookcrossing.com)을 개설하면서 시작되었다. 북크로싱은 책을 사서

(많아야) 한 번 읽고 책장에 꽂아둔 채 잠자는 좋은 책들을 더 많은 사람들이 공유해서 읽을 수 있도록 벌인 문화운동이다. 읽기(Read), 등록하기(Register), 방출하기(Release)의 3R을 모토로, 자신이 읽은 책을 필요한 사람 누구나 가져가서 읽을 수 있도록 공공장소에 놓아두는 식으로 전개되었다. 이때 중요한 것은 책을 공공장소에 풀기 전, 웹사이트에 책 이름과 고유 번호를 입력하고 라벨을 다운받아 출력물을 책 안쪽에 붙이는 것이다. 발견자는 다시 코드 번호를 인터넷상에 입력하고 또 다른 전달자(crosser)가 되어 책의 여행을 추적해 가는 것이다. 북크로싱 운동은 한국에서도 카페 '책에 날개를 다는 사람들' 등을 매개로 활발히 전개된 바 있다.

싸이월드의 '직장인을 위한 책 읽기 클럽(BizBook)' 운영자들이 직장인들을 위한 독서 지침서 《직장인을 위한 전략적 책 읽기》를 발간한 적이 있다. 특히 이 책은 전문가들이 내놓은 지침서와 달리 '직장인들이 직장인들을 위해 마련한 책'이라는 점에서 눈길을 끌었다.

직장생활을 하면서 가장 중요하게, 그리고 절실히 여기는 것은 바로 체험을 통한 경험치다. 이것은 상황에 따른 이슈가 너무 많아 개인이 일일이 체험할 수 없기 때문이다. 이런 현실에서 누군가의 체험을 간접적으로 공유할 수 있다면 문제해결 능력이 훨씬 커질 것이다.

나아가 독서 클럽 같은 커뮤니티, CEO를 타깃으로 한 월간지를 비롯해서 여러 매체들에서 유명 서적에 대한 요약문 서비스를 제공한다. 이들 서비스가 핵심 내용은 간추리고 덜 중요한 내용을 생략하는 것만으로도 독자의 입장에선 심리적 부담을 덜어줄 뿐 아니라 시간을 줄여준다는 점에서 가치가 있다.

다만 패턴리딩의 기본적인 기술들이 한 시간 내에 6번 정도의 독서를 가능케 하므로, 굳이 요약문을 읽어서 저자의 소중한 지식들을 놓치기보다는 패턴리딩을 제대로 익혀 책 전체를 대하는 것이 더 낫다. 필자 역시 여러 권의 책을 썼지만, 필요 없는 내용이라면 처음부터 쓰려 했겠는가. 간단한 예시조차 전부 의미가 있기 때문에 책에 포함된 것이다. 그러므로 가능한 한 본문 전체를 읽으려고 노력하는 것이 좋다.

전략적으로 읽어라

패턴리딩을 하기 위해서는 전략적으로 읽는 훈련을 해야 한다. 필자가 패턴리딩을 하면서 깨달은 것이 하나 있는데, 그것은 바로 '패턴리딩은 전략적인 책 읽기' 라는 것이다. 필자가 생각하는 전략은 첫째 읽고 말하고 행동하는 전략이고, 둘째 선택과 집중하는 전략, 세 번째로 반복과 습관화하는 전략이다. 이들 전략을 구체적으로 살펴보면 다음과 같다.

전략 1 읽고 말하고 행동하라

《공부가 된다》는 책을 보면 이런 구절이 있다. "읽은 것은 10%를 기억하고, 들은 것은 20%를 기억하고, 본 것은 30%를 기억하고, 듣고 본 것은 50%를 기억하고, 말한 것은 70%를 기억한다. 그리고 우리가 말하고 행동한 것은 90%를 기억한다." 책을 읽고 나서도 말하고 행동하지 않으면 50%가 사라지는 셈이다. 사람들을 만나서 3분 스피치 등을 함으로써 자신이 읽은 것에 대해서 말하고 행동하는 이유다.

우리는 좋든 싫든 워크숍이나 세미나 등에서 자신이 습득한 지식을 남에게 말하고 행동하는 기회를 갖게 된다. 이런 기회를 적극적으로 잡아내면 기대 이상의 기회를 잡을 수 있다. 요컨대 패턴리딩은 이런 독서에 관한 모든 행위가 포함된 전략적인 책 읽기라는 것을 잊지 말아야 한다.

전략 2 패턴화 전략(선택과 집중)

패턴화 전략은 다음의 세 가지로 구성된다.

첫째는 버리는 것이다. 목적과 중요성에 따라서 필요가 없는 부분은 과감히 버려야 한다. 버리지 않으면 새로운 것, 유익한 것들로 채울 수가 없다. 패턴리딩으로 훈련이 되어서 나의 독서 역량이 커지면 많은 지식을 담을 수 있고 감당할 수가 있지만, 훈련이 되어 있지 않은 초기 단계에는 먼저 버려야 한다. 버리고 나서 다른 정보를 계속 채우는 것이다. 그렇게 버리는 작업을 하면 아깝지 않느냐고 이야기할 수 있겠지만 버릴 때는 과감하게 버려야 한다.

둘째는 표시하는 것이다. 중요한 부분은 반드시 표시를 해둬야 다시 기억할 수 있다. 3분 스피치 등을 통해서 남에게 전파를 하든지 어떤 식으로든 표시를 남겨두는 것이다. 필요 없는 부분을 버리는 것은 당연하다. 나아가 자기가 남겨두고 싶은 것은 표시해두면 안심하고 다른 것으로 넘어갈 수 있게 관리하는 것이다.

이 두 가지가 이뤄졌다면, 셋째로는 유지하는 것이다. 필요 없는 부분을 과감하게 버리고, 중요한 부분을 표시해뒀다면 이제 책 읽기를 할 때 독서 속도를 일정하게 유지하며 읽어야 한다.

전략 3 반복 습관화 전략

전략적인 독서는 다양한 방법으로 일정한 시간 범위 내에서 분산, 반복해서 읽는 것이다. 패턴리딩은 기본 6회 읽기를 권장하는데, 그래야만 기억에 오래 남기 때문이다. 이렇게 반복을 해서 읽으면 이제 껍질을 깨고 나왔던 새가 털이 생기고 날개가 강해져서 날아가는데 힘을 발휘하게 될 수 있는 것이다.

패턴리딩으로 독서능력이 향상되는 7가지 이유

사전지식 효과

대다수 사람들은 독서에 대해 아주 잘못된 지식을 갖고 있다. 그 지식을 바탕으로 책을 대하고 독서하며, 고민에 빠진다. 이런 지식은 독서법을 배우는 데도 아주 큰 장애가 되며, 아무리 훌륭한 독서법이 계발되어 보급된다 할지라도 대부분의 사람들은 제대로 배울 수가 없다. 따라서 책과 독서에 대한 올바른 지식을 갖는 것만으로도 사람들은 독서에 대해 희망과 용기를 얻게 된다.

동기부여 효과

독서뿐만 아니라 모든 교육, 모든 변화에 반드시 선행되어야 하는 것이 '의지'이다. 이는 곧 동기부여가 되느냐 마느냐에 따라 성공 여부가 결정된다는 뜻이다. 잘못된 지식을 제거하고 올바른 지식을 심은 후, 나도 좋은 독서법을 배울 수 있다는 자신감과, 나도 긍정적인 변화를 가질 수 있다는 동기부여는 곧 학습 태도나 몰입도에 반영되어 더 빨리 독서법을 배울 수 있게 해준다.

제한 시간 효과

해야 할 의지가 선행된 상태에서 마감 시간이 주어질 경우, 우리는 그 시간 안에 주어진 임무를 해결하기 위해 갖고 있는 모든 능력을 발휘하기 시작한다. 의식 상태에서 '제한 시간'은 학습자가 가진 역량을 극대화시키는 데 매우 훌륭한 도구이다. 패턴리딩은 '60분 안에 6번의 책 읽기'라는 제한 상황을 설정함으로써 평소 발휘하지 못하는 잠재능력을 일깨우고, 독서에 집중할 수 있는 환경을 제공한다.

과속읽기 효과

지나치게 빠른 속도로 읽게 되면 음독이나 묵독이 끼어들 여지가 없어진다. 또한 평소 활용하지 못했던 감각을 강화시킴으로써 자연스럽게 빠른 속도를 일반화할 수 있게 해준다.

목적의식 효과

모든 내용을 한 번에 받아들일 수는 없다. 선별적으로 받아들일지, 어떤 것에 비중을 둘지를 결정하는 요소가 바로 '목적의식'이다. 자신이 선별하고자 하는 내용을 사전에 확정함으로써 반복의 효과도 극대화시켜 줄 수 있다.

함께 읽기 효과

책을 대하는 다양한 관점과 태도를 통해 깊은 이해를 할 수 있는 기회를 갖게 해준다. 특히 '함께 읽기'는 독자에 대한 이해, 즉 같은 책을 대하는 다양한 태도를 통해 서로의 상이함을 확인함으로써 관계 증진에도 효과가 있다.

최적환경 효과

최고의 환경에서의 독서는 그 힘을 몇 배 이상 강화시킨다. 기왕이면 자신의 감각이 오로지 독서에만 집중될 수 있는 환경을 찾거나 준비하는 게 좋다. 인간의 다양한 감각은 평소엔 긍정적인 효과를 주지만, 특정한 상황에서는 오히려 방해가 될 수 있다. 이럴 때 좋은 환경 속에서 독서를 하는 것은 그 효과를 키워준다.

어떤 책은 맛만 볼 것이고, 어떤 책은 통째로 삼켜버릴 것이며,
또 어떤 책은 씹어서 소화시켜야 할 것이다.
- 베이컨 -

Part **3**

패턴 리딩의
활용

좋은 환경과 뛰어난 재능을 타고난 행운아라도 자신이 가지고 있는 능력을 100% 발휘하고 사는 사람은 드물 것이다. 하물며 그런 행운을 타고나지 못한 대다수 평범한 사람들은 수많은 실패와 좌절을 경험하며 자신의 삶을 고달프게 이어가고 있다. 그들이 삶의 좌절과 실패를 극복해가는 방식은 다양한 형태로 나타난다. 어떤 이는 마음이 통하는 친구와의 대화를 통해 이겨내고, 또 어떤 이는 명상이나 영화, 음악이나 운동, 여행 등 다양한 방법으로 삶의 에너지를 충전한다.

하지만 현란한 멀티미디어의 극한을 치닫는 지금도 직장인들의 적지 않은 수가 취미로, 자기계발 수단으로 독서를 거론하는 걸 보면, 굳이 경제학자의 전문지식이나 컨설턴트의 조언을 빌리지 않더라도, 독서가 삶의 역경이나 고난을 극복하는 '저비용 고효율' 수단임을 알 수 있다.

지식을 습득하기 위한 방법으로 꼽는 독서는 우리가 알고 있는 것보다 폭넓게 활용되는 삶의 방법론이다. 그러다 보니 독서를 다양한 용도로 사용하는 걸 흔히 볼 수 있다. 특히 일정한 시간 동안 책을 읽다보면 어느덧 부정적인 생각이나 절망감이 극복되는 것은 독서가 우리에게 주는 첫 번째 선물이자 효과라고 할 수 있다. 우리는 이를 '독서치료(bibliotherapy)'라고 부르며, 이에 관해서 8장에서 간단히 살펴보고자 한다.

독서는 학습의 효과를 배가시킨다. 독서는 우리에게 핵심을 파악하는 능력, 정리하는 능력, 점검하는 능력 그리고 자신의 생각을 세우는 능력을 동시에 강화시켜준다. 우리는 독서를 통해 새로운 지식을 학습함으로써 지혜를 얻고 오류를 줄이며 시간을 아낄 수 있다.

마지막으로 독서는 비즈니스 세계에서 성공을 가져다준다. 비즈니스 세계에서 성공이란 고객에 대한 이해와 밀접하게 연결되어 있다. 즉 인간에 대한 이해가 필요하다. 누구든지 인간의 욕망, 심성, 습관, 시행착오 등을 꿰뚫어볼 수 있다면 사업에서 큰 성공을 거둘 수 있다. 고객에 대한 이해와 시장에 대한 이해의 정도를 높이는 독서라면 장르가 무엇이든 간에 충분한 가치를 지닐 것이다. 당장 눈앞의 이익이 보이지 않더라도 폭넓게 읽어야 한다. 그러면 독서를 통해 얻은 정보와 지식들은 틀림없이 업무나 사업에 크게 도움이 될 것이다. 독서는 바로 성공적인 기업 경영과 자기 경영의 지름길이라고 할 수 있다.

또한 독서를 많이 하면 할수록 좀더 세상을 부드럽게 바라볼 수 있는 힘이 생긴다. 그 이유는 간접적이나마 다양한 삶의 모습들을 체험할 수 있기 때문이다. 현실의 각박함에서 떨어져 현실을 바라볼 수 있다면, 폭넓은 시선으로 삶을 바라보고 살아갈 수 있을 것이다.

07

독서학습법과 독서경영

    가끔 책을 많이 읽은 사람을 만나곤 한다. 보통 1천 권 이상의 책을 읽은 이들인데, 놀라울 정도의 박식함을 자랑한다. 그렇지만 박식함에 비해 실제의 변화가 거의 없는 사람들도 꽤 많이 있다. 아마도 그들은 앎의 양이 깊이로 넘어서지 못한 게 아닌가 싶다. 따라서 많은 책을 읽고, 그 내용을 아는 것이 전부는 아니다. 아는 내용이 더욱 깊이 있게 나아가려면 반드시 학습이 이뤄져야 한다.

    독서는 학습의 80%가량을 차지한다고 한다. 다시 말해, '읽기'가 차지하는 비율이 학습의 약 80%라는 것이다. 읽기 중에서도 독서가 가장 큰 비율을 차지한다. 즉, 학습한다는 것은 그와 관련된 책을 읽는 것이다. 우리가 지금까지 어떤 분야를 깊이 배울 때 늘 교과서가 있었던 것처럼 책은 학습과 떼려야 뗄 수 없는 관계다. 그렇다고 무조건 책을 읽는 것이 학습이라고 할 수는 없다. 학습은 굉장히 정교한 체계다. 원칙과 단계가 잘 어울릴 때 올바른 학습이 이루어진다.

패턴리딩에서 이야기하는 독서학습법과 독서경영은 같은 맥락에서 이루어진다. 다만 독서학습법은 주로 학생들을 대상으로 하고, 독서경영은 성인들을 대상으로 한다는 정도의 차이가 있을 뿐이다.

STAR 학습 시스템

독서를 하다 보면 언젠가부터 독서의 한계가 느껴지기 시작한다. 필자 역시 한때는 독서가 모든 지식을 공급해주는 마법의 화수분 같았다. 한마디로 무조건 책을 많이 읽으면 세상의 모든 지식이 다 쌓일 줄 알았던 것이다. 그런데 그게 아니었다. 책이라는 것은 지식의 형식지이고, 책으로 드러나지 않은 지식의 암묵지도 많이 존재한다는 사실을 깨달은 것이다. 가령 글로는 못 쓰겠지만 몸으로 습득하면 알 것 같은 그런 것이다. 세상의 수많은 지식 중에 책으로 접근하지 못하는 분야도 분명 존재한다. 그렇기 때문에 독서와 학습은 함께 이뤄져야 하는 것이다.

학습을 하는 방법도 여러 가지가 있기 때문에 필자는 보다 효과적인 학습 시스템을 고민하게 되었다. 그렇게 해서 고안된 것이 'STAR 학습 시스템'이다. 'STAR'라는 단어는 필자가 추구하는 학습 시스템의 핵심 원칙 네 가지의 첫 글자를 딴 것이다. 그렇다면

STAR 학습 시스템은 어떻게 구성되어 있는지 구체적으로 살펴보기로 하자.

Study(공부하기)

책을 읽고 강의를 듣고 오디오 강좌를 듣는 것 모두가 '공부'에 해당한다. 모든 상황을 직접 경험할 수 없는 시대이기에 공부는 매우 중요한 삶의 기술이다. 앞서도 얘기했지만 독서는 내가 원하는 지식을 습득하기 위한 도구일 뿐이다. 따라서 우리는 독서를 통해 보다 깊이 있는 공부를 해야 한다.

그런데 우리의 뇌는 모든 걸 기억하지 못한다. 항상 중요한 내용을 체계적으로 기억하는 것을 좋아한다. 복잡하게 쓰인 노트보다 잘 정리된 노트의 내용이 기억이 더 잘 나고, 효과도 더 좋다. 더 좋은 성적을 원한다면, 메모법이나 정리법을 배워두는 것이 좋다.

알고 있는 내용을 효과적으로 정리하지 않으면 크게 두 가지 면에서 문제가 발생한다. 첫째, 학습 과정에서 핵심이 되는 부분이나 출제 경향이 노출되는데 이 부분을 잘못 기록하거나 제대로 짚지 못해 실전 활용에 어려움이 생긴다. 때문에 패턴리딩이 필요한 것이다. 둘째, 암기를 위해 정리한 자료를 활용해야 하는데 이 과정에서 반복할 때마다 효과가 의문시 된다. 따라서 크리에이티브 메모 스킬(Creative Memo Skill)이 필요하다. 패턴리딩과 함께 메모법들도 익혀두면 보다 더 효과적인 공부를 할 수 있는 이유다.

Teaching(가르치기)

공부만 해서는 배움의 20%밖에 남지 않지만, 가르치게 되면 배워서 습득한 지식을 70%까지 남길 수 있다고 한다. 누군가를 가르쳐보면 자신이 알고 있는 지식이 완벽한지 아닌지도 알 수 있다. 뿐만 아니라 누군가를 가르치다 보면 자신의 지식이 더욱 향상된다. 가르치려면 아무래도 책도 더 많이 읽어야 하고, 공부도 더 많이 해야 하기 때문이다. 그러니 더 효과적인 지식습득을 위해서는 반드시 습득한 내용을 다른 사람에게 가르쳐봐야 한다.

Action(경험하기)

아무리 좋은 지식이라 할지라도 경험하지 못하면 제대로 된 학습이 이루어지지 않는다. 경험의 단계에 이르면 학습은 거의 90%까지 완성된다. 또 경험을 하게 되면 우리가 공부하려 했던 것이 얼마나 어려운지, 또는 얼마나 쉬운지 명확하게 알게 된다.

알고 있는 지식을 보다 쉽게 경험하는 방법은 모의시험을 쳐보는 것이다. 시험을 통해 자신의 실력을 검증받고, 자신이 알고 있는 지식이 어느 정도인지 정확하게 확인할 수 있기 때문이다.

Relationship(함께하기)

모든 일을 혼자 할 수는 없다. 항상 누군가의 도움을 필요로 한다. 때문에 세상도 더불어 살아가는 것이다. 우리가 살아가면서 수많은

멘토 · 코치 · 파트너의 도움을 필요로 하듯이, 매 순간 누군가와 '함께' 공부한다면 자칫 지루하게 느껴질 수 있는 공부 과정을 보다 쉽고 재밌게 헤쳐 나갈 수 있다.

독서도 마찬가지다. 함께 책을 읽고, 그 내용을 나누다 보면 자신이 읽은 책의 내용을 더 효과적으로 알 수 있다. 함께하면 서로 도움을 주고받으면서 어느덧 향상된 자신의 실력을 발견할 수 있을 것이다.

STAR 칼리지

STAR 칼리지(STAR College)는 STAR 학습 개념이 철저하게 적용된, 대안 대학/대학원 과정의 명칭이다. 기본 교육 기간 2년, 응용 기간 1년으로 구성된, 크레벤에서도 가장 길고, 가장 고가이며, 가장 수준 높은 과정으로도 유명하고, 탁월한 변화와 성장을 약속하는 과정으로도 잘 알려져 있다.

아무리 좋은 이론도 완벽한 결과를 전제하지 못하고서는 제대로 전파될 수가 없고, 이론만으로도 사람들을 제대로 변화시킬 수가 없기 때문에 STAR 칼리지 같은 프로그램의 존재는 사람들에게 좋은 대안, 좋은 희망이 될 수 있다고 생각한다. 앞으로 한국에도 세계적인 프로그램, 세계적인 교육 기관들이 탄생할 것이고, 그런 기관들과 선의의 경쟁을 하는 날을 꿈꿔본다.

패턴러닝: 학습법으로서 패턴리딩

한국은 세계 어느 나라와 비교하더라도 교육열이 뒤지지 않기로 유명하다. 공교육이 불신을 받고, 대학 수준이 아무리 뒤떨어져도 한국 사람들이 여러 분야에서 뛰어난 성과와 많은 업적을 내는 걸 보면서, 필자는 한국 사람의 교육열 자체가 구조적 한계마저도 뛰어넘는다는 주장을 하곤 한다.

2년이 멀다 하고 바뀌는 대학입시제도 때문에 학생들은 늘 갈팡질팡해왔다. 최근에는 입학사정관제로 인해 학부모와 학생 모두 이 낯선 제도의 벽을 뛰어넘기 위해 혈안이 되고 있다. 이렇듯 입시제도가 바뀔 때마다 점점 그 위상이 강화되는 것이 바로 학습법이다.

이 장에서는 학습법 측면에서 패턴리딩의 특징을 살펴보고 어떻게 적용할 것인지를 알아본다.

패턴러닝이란

패턴러닝은 패턴을 배운다는 의미로 크게 패턴리딩, 패턴맵핑, 패턴리스닝의 세 가지 핵심 기술에 의해 정보를 받아들이게 된다. 패턴리딩은 이제까지 설명해왔던 방식대로 책을 읽는 방법을 말한다. 패턴맵핑은 마인드맵을 생각하면 되는데 이 마인드맵은 정보들의 형태를 가지에 가지를 쳐서 그림으로 표현하는 것이다. 이것은 기억을 체계화하고 다시 불러내는 '고리효과'를 가져온다. 일반적으로 생각은 의식과 무의식으로 나뉘는데, 일상생활에서 무의식은 제어가 되지 않는다. 무의식을 제어하려면 의식에서 부단한 노력이 필요하다. 무의식을 제어하려고 노력하는 것이 시각 정보, 즉 이미지 정보이다. 의식세계에서 미끼처럼 낚아서 무의식의 정보를 쉽게 꺼낸다.

공부를 열심히 하고 시험장에 왔더라도, '지금까지 공부한 것을 모두 백지에 적어라'가 시험 문제라면 사람들은 거의 답을 쓸 수 없을 것이다. 구체적인 문제에 답하는 공부 습관에 길들여졌기 때문에 제시어가 없으면 막막해진다. 그래서 논술이 힘든 것이다. 일상생활에서 많이 겪는 위기 상황은 패턴 자체가 옛것에서 가져올 수 있는 것이 없을 때 일어난다. 내일 무슨 일이 일어날지 모르는 것과 마찬가지로 준비하기가 힘들다.

기본적으로 평상시에 패턴을 찾는 훈련을 많이 해두면 비록 상이한 상황이 나오더라도 그것을 해결하는 패턴을 가지게 되어 대단히 빠르게 해결점에 도달할 수 있다. 다양한 경험을 한 사람일수록 문제해결력이 높은 이유가 여기에 있다. 이런 사람들은 특정 상황을 해결하는 능력이 있는 것이 아니라, 문제가 생기면 자기만의 패턴을 가지고 그 문제를 푸는 능력이 있는 것이다. 이것은 패턴맵핑과 비슷하다. 책에 있는 정보들은 그대로 나타나지 않고 항상 새로운 변수가 등장한다. 패턴을 끄집어내는 훈련을 하면, 향후 어떤 상황이 닥치더라도 해결책을 끄집어낼 수 있게 된다.

패턴리딩

패턴리딩의 정의 다시 생각하기!

패턴리딩은 책이나 사물, 사고를 구성하는 형태, 즉 사고의 뼈대(패턴)
를 이해함으로써 입력 속도를 높이고, 폭넓은 이해력 확보와 더불어,
이를 통한 창의력·직관력 개발을 도와주는 일종의 학습법이다.

패턴러닝에 대한 궁금증

공부한 시간이 많은데도 성적이 오르지 않는 이유는 무엇일까. 그
것은 집중력의 차이, 동기부여의 여부, 목적의식의 차이 때문이다.
문제는 특정 정보(팩트)에 포커스를 맞추느냐 아니면 전체 구조(패턴)
에 포커스를 맞추느냐의 여부에 달려 있다. 패턴을 모른 채 팩트에
만 포커스를 맞추면 아무리 많은 시간을 투자해도 성적이 오르지 않
는 것은 물론이고, 외우기도 힘들고 다시 기억해내는 것도 거의 불
가능하다.

그렇다면 특정한 지식을 구조적으로 패턴화하는 데 걸리는 시간
을 감안할 때, '패턴러닝은 학습 시간을 오히려 늘리는 게 아닌가'
하는 의문도 가질 수 있다.

앞서 설명했지만, 일정한 속도까지는 외우거나 이해하고 활용하
는 데 시간적 제한을 거의 주지 않는다. 게다가 패턴을 알고 학습하
게 되면 학습효과, 즉 더 잘 이해하고, 더 오래 기억하며, 특정한 상

황에서 정보를 불러내는 데도 큰 도움이 된다. 따라서 패턴을 미리 형성시킨 후 학습을 하는 것은 어떤 분야의 학습이든 간에 매우 유용하다.

학습에서 가장 중요하게 생각하는 기억력의 관점에서 볼 때, 패턴을 꿰뚫어보는 사람들은 기억도 잘한다. 다만 키워드를 가지고 연결고리를 끄집어내는 능력의 차이가 있을 뿐이다. 따라서 패턴을 많이 형성시키려면 그만큼 '거리'를 많이 가지고 있어야 한다. 다시 말해 기억력과 패턴리딩의 관계에서 볼 때, 전체 패턴을 가지고 정보를 많이 배열하는 사람의 기억력이 훨씬 강하다. 인간의 뇌가 컴퓨터보다 뛰어난 이유는 인간의 뇌는 패턴을 형성하는 데 탁월하기 때문이다. 따라서 당신이 패턴을 형성하는 능력을 키운다면, 최첨단 컴퓨터와 소프트웨어가 잠식하고 있는 미래 사회에서도 당신을 필요로 하는 조직은 넘쳐날 것이다.

패턴러닝의 활용: 패턴리딩 독서학습법

패턴리딩 독서학습법의 목표와 학습시장의 경향을 먼저 살펴보도록 하자.

독서학습법의 목표
- 속도: 더 빨리
- 정확성: 더 정확하게

- 기억: 더 오래

- 적용: 더 넓게

학습시장의 경향
- 공교육 VS 사교육

- 자립형 사립고 VS 자율형 사립고

- 부모주도 학습 VS 자기주도 학습

- 학습코치 VS 학습코칭

현재 입시경쟁이 치열하다 보니, 부모가 시키는 대로 이끌려서 공부를 하는 학생들이 많다. 따라서 자기주도적 학습을 하지 못하는 학생들이 많다. 어릴 때부터 모든 것을 부모가 다 해주다 보니, 자기주도로 할 수 있는 것이 거의 없는 편이다. 심지어 삶의 목표까지 부모가 정해주는 대로 이끌려가는 사람도 있다. 그런데 문제는 자기주도적인 학습이 되지 않아서 학습에 실패하는 학생들이 많다는 것이다.

자기주도 학습이라는 것이 무엇인지에 대해서 알아보자. 학습은 문자 그대로 열심히 배워서 익히는 것이다. 하지만 수업시간에 강의만 듣는다고 해서 온전히 자기 것이 되지는 않는다. 궁극적으로 스스로 이해하는 과정을 거쳐야 한다. 그렇게 스스로 이해하는 과정이 바로 습(習)인데, 그것은 셀프스터디를 통해서만 가능하다. 셀프스터디를 통해서 2차적인 이해를 해야 완벽한 이해가 가능하다.

패턴리딩 독서법도 마찬가지다. 단순히 열심히 책을 읽는 것만으로는 되지 않는다. 자기 것으로 만드는 과정이 필요하다. 학습의 기본 원리는 망각이다. 패턴리딩 독서법 중에서 학습법에 관한 이야기를 할 때 항상 이야기하는 것이 앞서 이야기했던 에빙하우스 망각곡선이다. 다시 말해 학습의 기본 전제는 망각이라는 것을 잊어서는 안 된다.

따라서 결론적으로, 중요한 것을 반드시 기억하고 싶다면 '의미+반복'을 해야 한다. 패턴리딩에서의 패턴도 마찬가지다. 글자로 읽지 말고 패턴을 찾아서 패턴으로 머릿속에 넣어야 한다. 패턴은 곧 의미다. 그래서 항상 의미를 부여한 다음 반복을 해야 한다. 반복을 시켜주면 의미는 보다 더 강력해진다.

존 메디나의 저서 《브레인 룰스》를 보면, 단기기억과 장기기억에 관한 이야기가 나온다. 인간의 두뇌는 한 번에 30초 동안 7가지의 정보만을 붙잡아둘 수 있다고 한다. 따라서 그 정보가 사라져버리기 전에 붙잡아두려면, 그것을 '반복하여' 마음에 계속 새겨야 한다. 그것이 단기기억을 위한 두뇌의 절대법칙이다.

찰나의 기억이 장기기억으로 머릿속에 확실하게 자리 잡으려면 '몇 년, 몇십 년'이 걸릴 수도 있다고 한다. 이러한 의구심과 망각의 작용에도 불구하고 기억을 더 또렷하게 오래 가게 하려면 어떻게 해야 할까. 단기기억과 달리 장기기억은 '정기적으로' '일정 간격을 두고' 반복 노출시키는 것이 핵심이다. 예를 들어, 시험이 일주일 뒤인데 그때까지 어떤 과목의 교재를 5번 볼 계획이라면, 한 번에 5번을 몰아서 보기보다는 일주일 동안 간격을 두고 5번을 보는 것이 더 효과적이라는 얘기다.

이처럼 학생들은 필요한 지식이 있다면 열심히 반복을 해서, 의미를 부여해서 암기해야 한다. 패턴리딩 독서법은 그저 배우는 단계를 넘어서 자기주도로 학습하는 것을 권장한다. 패턴리딩의 골격이 바로 의미를 부여해서 암기하는 것을 주요 내용으로 하고 있기 때문이다.

독서경영: 지식경영으로서 패턴리딩

독서경영이란

독서경영이란 말 그대로 독서를 이용한 경영이다. 대개 경영이념과 철학, 비전과 문화, 업무 기술과 정보 등의 전달과 공유에 '책'을 중요한 매개체로 활용하고, 기업 구성원들에게 독서를 장려하는 활동 전반을 의미한다.

독서경영을 좀더 간단하게 도식화하면 다음과 같다.

지속적 학습 + 꾸준한 독서 + 지식의 결합 = 업무 역량의 혁신

기본적인 원리는 이렇다. 지속적인 학습을 해야 하는데 그 도구가 책이라는 것이다. 책을 학습의 도구로 삼아 꾸준히 독서를 하다 보면 개개인들의 지식의 역량이 쌓이고 그것들을 서로 나누고 결합해서 조직의 역량으로 만들 수 있다. 그렇게 조직의 역량이 강화되면 그것이 결국 업무 역량의 증대와 혁신으로 이어지는 것이다. 그렇게 되면 회사가 원하는 기존과는 다른, 좀더 나은 결과물을 만들어낼 수 있다. 따라서 경영혁신을 위해서는 독서를 매개체로 삼아야 한다.

지식경영, 창조경영이라는 말들을 많이 하는데 이는 다시 말해 새로운 컨셉, 새로운 아이디어가 많이 나와야 한다는 것이다. 기존의 것들만을 가지고는 새로운 컨셉, 새로운 방향, 새로운 사업이 나오기 어렵다. 결국은 새롭게 유입된 지식을 통해서, 새로운 생각들을 만들어내야 하는데 그 지식의 기반이 바로 독서라는 것이다.

하지만 "우리 기업도 한 번?" 하고 덤벼들기엔 그리 쉬운 일이 아니다. 독서경영을 도입하고자 한 어느 CEO는 "몇 날 며칠 여러 권의 책을 탐독했지만, 대체 이것을 경영 어디에 적용해야 할지 모르겠다"라고 토로하기도 했다. 경영 노하우가 오랜 경험의 축적에서 생겨나듯 독서경영 노하우 역시 마찬가지다. 경영만을 위해 무턱대고 읽은 책 몇 권은 설익은 밥과 같다. 자신조차 이해하지 못한 책의 내용을 조직 구성원에게 권하는 일만큼 어리석은 것이 있을까. 독서경영을 생각하는 CEO라면, 먼저 책의 패턴을 파악하고 그 내용을 확실히 이해하는 것이 중요하다.

삼성경제연구소에서 2010년에 392명의 CEO들을 대상으로 실시한 독서 경향에 대한 설문조사에 따르면, CEO들의 한 달 평균 독서량은 1~2권이 54.8%로 가장 높았고 3~4권(27.6%), 6권 이상(7.4%) 순이었다. 3권 이상 읽는 비율이 43.4%로 6년 연속 상승해 CEO들의 독서량이 증가하고 있다고 연구소는 밝혔다.

책은 본디 자기계발에 막강한 영향력을 발휘하는 도구이다. 제대로 읽은 책 한 권은 당장은 아니더라도 필시 쓰임새가 있게 마련이다. 내 몸보다 내 기업을 우선시하는 CEO들의 경우, 자기계발은 기업계발과 결코 다르지 않음을 알아야 한다. 기업의 생사를 책임지는 CEO의 지적 능력은 기업의 생존 능력과 같다. 독서경영을 성공적으로 이끈 CEO들이 경제경영서를 특히 즐겨 읽는다는 사실이 이를 증명한다. 책을 통해 시대의 트렌드를 읽고 경영 악화의 지뢰밭을 피해가는 그들의 자기계발은 지독하리만큼 철저하다. 그들은 오늘날 수직적 리더십이 왜 치명적인지를 알고 있으며, 미래 기업의 조건이 무엇인지를 알고 있다.

독서경영을 실천하는 CEO들은 절대 자신만 책을 읽지 않는다. 서린바이오사이언스 황을문 대표는 직원들에게 매년 책 40권을 읽으라고 주문하며, 독후감 쓰기를 과제로 내주는 CEO로 유명하다. 이메이션코리아 대표를 역임한 이장우 브랜드컨설팅그룹 회장은 책 읽는 조직문화를 확산시키기 위해 다양한 프로그램을 진행해온 독서경영 기획자로 소문이 났다. 벽산그룹 부회장을 역임한 김재우 방송문화진흥회 이사장은 벽산그룹 재직 시절 남극대륙 횡단에 나선 인듀어런스 호의 선장 어니스트 섀클턴과 대원 27명의 감동적인 이야기인 《인듀어런스》를 직원들에게 선물해 침체된 사내 분위기를 180도 바꾸기도 했다. 한 경영 전문가는 "21세기 승자의 조건은 개인이 창의력을 기르고 지식을 원활히 공유할 수 있는 조직문화와 시스템을 갖추는 것"이라고 강조했다.

합리적 사고, 긍정적 마인드, 토론하기를 즐기는 직원들은 이제 그들 스스로 기업 고유의 문화를 바꿔간다. 퇴근 후 술자리에서 만드는 어설픈 유대는 독서를 통한 지식 유대의 끈과 견줄 바가 못 된다. 방향을 잘못 튼 기업의 키를 돌리는 데도 직원들이 주저 없이 나선다. CEO의 지식 능력과 자신들의 지식 능력이 동일하다고, 유대를 이뤘다고 믿는 자신감 때문이다.

독서경영의 장점

독서경영의 장점은 우선 지식경영 시대에 비용 대비 가장 저렴한 교육 투자라는 점이다. 또 독서경영에 대해서는 직원들의 저항이 낮다는 점도 장점이다. 이는 설문조사를 통해서도 확인되는데 약 1,000여 명의 직장인들 중 70% 이상이 가장 쉽게 할 수 있는 자기계발 방법으로 독서를 꼽았다. 독서의 경우, 책이 상대적으로 저렴하며 다른 교육에 비해 접근성이 유리하다는 점 때문에 지식경영 도구로 많이 반영되었다. 또한 독서경영을 하면 사내 워크숍이나 독서토론 등 사내 전반의 동시다발적인 교육환경이 조성된다는 장점이 있다.

서울과학종합대학원 서영태 교수는 현대오일뱅크 시절 최고경영 자에 취임해 우선적으로 한 일이 회사의 교육비를 늘리는 것이었다. 사내 독서토론회도 적극 지원했던 그는 독서는 세상과 소통하는 일 이라고 강조한 바 있다. 삼성엔지니어링은 삼성그룹 계열사 중에서 독서경영을 가장 잘해온 회사로 알려져 있다. 그들의 독서경영 전략 은 릴레이 독서 캠페인과 스터디그룹 활동이다. 이러한 체계적인 지 식경영은 정연주 사장(현 삼성물산 사장)이 부임하고 사내 인트라넷에 지식경영 포털 사이트를 구축하면서 시작되었다. 정 사장은 단순한 독서나 지식습득만으로 경쟁력을 갖추는 시대는 지났다며, 회사가 독서를 통해 나온 지식과 정보를 서로 공유하고 활용하도록 해주는 것이 필요하다고 말한다. 오리온 김상우 대표는 사내에 북클럽을 만 들어 독서토론에 참가하는 등 스스로 책 읽기에 앞장선 인물이다. 그는 책을 통한 기업 커뮤니케이션 활성화에 나선 몇 안 되는 경영 인이다.

독서경영의 문제점

독서경영은 장점이 많지만, 독서경영을 한다고 해서 늘 좋은 결과 를 얻을 수 있는 것은 아니다. 첫째, 자발적인 독서문화 교류 형성에 는 아직도 투자가 전무하다. 자발적인 독서문화가 형성되면 좋겠지만, 조직의 변화를 주지 않는 직원들이 독서를 했는지 확인하기가 어렵고, 활용할 기회를 주기도 어렵다. 둘째, CEO가 독단적으로 책을 선정하여 배포하는 일이 많은데 그로 인해 저항이 생길 수 있다. 셋째, 가장 염려하는 부분은 같은 책이라도 읽는 사람에 따라 해석이 다르다는 점이다.

이 때문에 토론을 통해 다르게 읽은 사람들을 찾아내서 그 사람만의 사고 패턴을 비교해보는 것이 꼭 필요하다. 왜냐하면 한 분야를 30여 년간 연구했다고 해도 다른 사람이 그 분야를 이해하지 못하거나 학자가 다른 분야를 이해할 수 없다면 전혀 쓸모가 없으며, 응용점을 찾지 못하면 사장되어 버릴 것이기 때문이다. 따라서 직원들의 의식 패턴을 읽어내는 것이 중요하다. 그것에 독서경영의 성패가 달렸다고 해도 지나친 말이 아니다.

성인 학습의 원리

먼저 성인들이 학습을 하는 기본원리를 도식으로 알아보자.

$$Y = a \times b \times t^2 + c$$

(Y: 공부성과, a: 교재와 서비스 질, b: 집중력, t: 공부시간, c: 과거의 공부량)

성인학습에서 제일 중요한 것은 곱하기 제곱으로 되어 있는 t이다. 공부시간이 제일 중요하다는 의미이다. 우리는 공부의 좋은 결과를 내기 위해서는 교재, 교육 서비스의 질, 집중력, 공부량, 학교, 경제력, 유전자 등이 중요하다고 생각한다. 또한 세상을 좌우하는 것은 학벌, 인맥, 혈연이라고 무의식적으로 생각한다. 그 모든 것이 성인 학습의 원리에서는 c에 해당한다. 하지만 이 도식에서 더 중요한 것은 t라는 공부시간이다.

공부성과는 공부시간의 제곱에 비례한다. 어떻게 보면 고등학교, 대학교 때가 공부할 시간이 더 많다고 생각하지만 사실 성인이 되면 그 이전보다 배울 시간이 더 많아진다는 것을 결코 잊어서는 안 된다. 20대에 대학을 졸업하면 50대까지 30년의 시간이 남는다. 그전까지 배운 것보다 더 많은 것을 배울 수 있는 시간이 분명히 있다. 그리고 그것은 독서를 통해서 가능하다.

지식근로자의 변곡점이라는 개념이 있다. 지식근로자들은 일정 시점이 되면 사람이 달라진다는 것이다. 그 시점까지 도달하기까지는 물론 어느 정도의 시간이 필요하다. 말콤 글래드웰의 《아웃라이어》를 보면, 1만 시간의 법칙이 나온다. 어느 분야에서든 대가가 되려면 1만 시간 이상을 투자해야 한다는 것이다. 앞에서 탁구 같은 스포츠를 배울 때 일정 시간을 투입해야 한다고 얘기했던 것도 그런 이유에서다. 우리가 어느 분야에서 대가가 되고 조직이 원하는 사람이 되려면 독서학습법의 성인학습의 원리에 따라 그 정도의 시간을 투자해야 한다.

창의력 증진과 독서경영

독서경영을 위해서는 창의력과 창조력이 필요하다. 창의력과 창조력을 단계별로 살펴보면 다음과 같다.

> 창의력과 창조력의 단계
> - 1단계 수준: 새로운 아이디어 도출
> - 2단계 수준: 새로운 지식 창출
> - 3단계 수준: 새로운 지식 창출 및 문제해결

창조적인 경영을 하기 위해서는 뭔가 새로운 것을 만들어내는 것, 새로운 방식으로 해결하는 것이 필요한데, 그런 것들을 우리는 창의라고 한다. 아이디어는 아주 기초적인 차원이다. 그것만 가지고는 새로운 세상을 만들 수가 없고, 아이디어를 창의력이라고까지 이야기하는 것은 어렵다고 봐야 한다. 창의력은 지식을 새롭게 만들어내는 것이다. 하지만 이 단계에서만 머물러서는 곤란하다.

지식을 만들어 내되 그것이 어떤 문제를 해결해내야 한다. 따라서 자신이 접한 분야의 전문가 수준은 되어야 창의력이 있다고 말할 수 있다. 해당 분야에 대해 잘 알고, 그 분야에 몰입할 때 창의력이 나온다. 어설픈 새로운 사고방식, 문제를 해결할 수 없는 사고방식은 쓸모가 없다. 그러므로 우리는 독서학습의 궁극적인 목표를 문제를 해결하는 데 두어야 한다.

창의적인 개인과 조직이 되려면 데이터베이스의 크기가 커져야
한다. 이것을 도식화하면 다음과 같다.

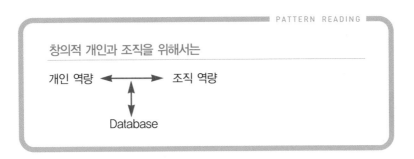

창의적 개인과 조직을 위해서는

개인 역량 ◀━━━▶ 조직 역량

Database

물론 데이터베이스의 크기만 크다고 해서 전부 창의적이 되는 것
은 아니다. 풍부한 데이터베이스를 바탕으로 통찰력을 발휘해야 하
는 것이다. 그렇게 하기 위해서는 가설을 검증하는 과정을 거치되
충분히 몰입해야 한다. 따라서 기본적으로 그런 역량을 갖추고 있어
야 창의적인 개인이 될 수 있고, 창의적인 조직을 만들 수 있다.

그래서 필자는 주위 사람들에게 추천 도서를 많이 권하고 있다.
기본적으로 충분한 데이터베이스가 있어야 하기 때문이다. 그러한
데이터베이스를 바탕에 두고 패턴리딩의 가설검증과 몰입의 프로세
스를 적용한다면 충분히 창의적인 개인으로 거듭나고 독서경영을
통한 조직의 변화가 가능하다.

그런데 기본적으로 우리가 독서경영을 한다고 하지만 제대로 이
뤄지지 않는 경우도 많다. 그 이유를 살펴보면, 첫 번째로 자발적이

지 않기 때문이고, 두 번째로 역량이 없기 때문이다. 그리고 마지막으로 충분한 누적 독서량이 부족하기 때문이다. 이것을 도식화하면 다음과 같다.

자발적 독서 + 개인 독서능력 + 누적 독서량 = 지식의 데이터베이스

우리의 주변에는 책을 정말 안 읽는 사람들도 많다. 책은 무조건 어렵다고만 하면서 자발적으로 읽으려고 하지 않는다. 그런가 하면 책을 읽으려고 해도 역량이 안 되는 사람들도 많다. 배경지식이 없기 때문에 읽고자 하는 책의 내용을 소화할 수 없는 것이다. 기업 CEO들이 직원들에게 제일 많이 사준 책이 《이기는 습관》이라고 한다. 수십만 부가 팔린 이 책은 내용이 그다지 어렵지 않다. 그런데 필자가 만난 한 사장님은 개탄을 했다. 그 책을 사줬는데 제대로 읽는 직원들이 없더라는 것이다. 이러한 결과가 나타나는 것은 그 회사 직원들이 모두 자발적인 관심도, 역량도 없고 그것을 처리할만한 배경지식을 갖추고 있지 않았기 때문이다. 따라서 올바른 독서경영을 위해서는 먼저 누적 독서량을 바탕으로 한 독서 역량을 갖춰야 한다. 그 역량은 패턴리딩을 통해서 갖출 수 있다.

독서경영의 핵심은 '혼자 읽기 + 함께 읽기 = 개인 · 조직의 지식 역량'으로 도식화할 수 있다. 여러 번 강조했듯이, 개인이든 조직이든 독서 역량을 많이 키우는 것이 중요하다. 이때 함께 읽으면 아주

좋은 효과를 발휘할 수 있다. 왜냐하면 배경지식이 부족하면 책을 온전히 다 이해하기가 어려운데 여러 사람이 함께 읽음으로써 부족한 배경지식을 보완할 수 있기 때문이다. 따라서 함께 읽기를 통해 자신이 이해하는 부분을 나누어주고, 이해 못하는 부분을 도움을 받는다면 훨씬 더 빠른 속도로 지식을 습득할 수 있다.

독서경영의 완성, 독서토론

보다 효과적인 독서경영을 위해서는 책을 읽는 데 그치는 것이 아니라 반드시 발표, 토론, 정리로 이어져야 한다. 함께 읽기에 덧붙여 발표하고, 토론해서 그 내용을 정리한다면 더 좋은 결과를 얻을 수 있다. 앞서도 이야기 했듯이 지식을 습득하는 데 읽는 것은 30%이고, 가르치는 것은 70%이기 때문이다. 그렇게 독서학습과 독서경영을 위해서는 토론 학습이 이뤄져야 한다.

독서토론을 할 때는 먼저 진행자를 선정해야 한다. 그리고 누구나 진행자의 능력을 익히려고 노력해야 한다. 모든 리더는 진행자의 능력을 가진 사람이다. 따라서 리더십 훈련의 일환으로 생각하고 교대로 진행자를 맡으면서 역량을 키우는 것이 좋다.

토론 진행자는 먼저 토론의 장소, 참가자의 좌석, 토론의 내용과 적절성에 대해 판단해야 한다. 또한 모든 의견이 잘 이야기될 수 있도록 하고 결과를 종합하여 토론을 종결지어야 한다.

실제로 독서학습 토론을 운영할 때는 2주 전에 토론 주관자를 선정하는 것이 좋다. 보통 발제자, 발표자가 토론 주관자가 되는 경우가 많다. 토론이 시작되면 20분 정도 주관자가 책에 대한 발표를 한 뒤, 토론을 진행한다. 발표를 해야 하는 또 다른 이유는 모든 사람이 책을 끝까지 읽고 오면 좋지만 그렇지 않은 경우가 많기 때문이다. 그래서 책 전체의 내용에 대해서 참가자들이 환기를 할 수 있게 해주는 것이다.

다음으로 서기를 선정하여, 토론의 내용을 기록해야 한다. 또한 필요할 경우 미리 참가자들에게 키워드를 정해오라고 해서 키워드를 활용할 수 있다. 그냥 의견을 이야기하라고 하면 진행에 차질이 생길 수 있으므로, 미리 5개씩 의견을 제시할 수 있는 키워드를 가지고 오라고 하는 것이 좋다.

끝으로, 독서토론을 할 때는 네 가지 적극적인 질문을 할 수 있어야 한다.

첫째, '이 책은 무엇을 말하고 있는가' 이다. 조금 달리 말해, '자신이 얻고자 하는 것이 무엇인가' 여도 좋다. 전반적으로 책에서 저자가 강조하는 주제와 논점, 논점이 흘러가는 방향에 대해서 의문을 던지는 것이다.

둘째, '저자의 주장에 내가 찾는 내용이 있는가' 이다. 제목에 관한 내용이 과연 책에 들어 있는지, 자신이 찾는 아이디어와 내용이 과연 맞게 들어있는지 하는 것이다.

셋째, '저자의 결론은 무엇인가' 이다. 자신이 이 책을 읽을 때 세

패턴리딩

웠던 목적이 저자의 결론과 부합하는가를 따져보는 것이다. 만약 그렇지 않다면 이 책을 보지 않고 다른 책을 봐야 한다.

마지막으로 '이 책에서 취해야 할 것은 무엇인가' 이다. 이 책에서 무엇을 배웠으며, 그것을 자신의 직무와 어떻게 연관시킬 것인가에 대한 질문을 던져야 하는 것이다.

독서경영의 가치

최근 기업에서는 직원 복지 향상이나 원활한 사내 커뮤니케이션, 윤리경영 실천 등 다양한 목적으로 독서경영을 적극적으로 도입하여 직원들의 독서를 적극 장려하고 있다.

해찬들의 임원들은 매달 한 권 이상, 사원들은 두 달에 한 권 이상 책을 읽는다. 양으로 따지면 많다고 할 수 없지만 꼼꼼하게 읽는다는 점에서 다른 회사와 차이가 있다. 팀별로 '이달의 도서'를 선정해서 읽고, 독서토론회를 연다. 상·하반기에 각각 최소 한 번씩 독서토론회에 참가해야 하는 '학점이수제'를 운영하고 있다. 학점이 부족하면 승진 심사 때 영향을 받는다. 그렇다고 학점을 이수하지 못하는 직원은 없다. 해찬들 사람들은 "독서가 회사 생활의 일부가 됐다"라고 말한다.

현대산업개발은 직원들에게 책을 읽고 난 뒤에는 보고서를 제출하도록 하고 사내 인트라넷으로 온라인 시험도 치러 합격한 사람에게 승진 시 가점을 주고 있다.

왜 이들은 다소 강제적인 방법을 동원하면서까지 직원들에게 독서를 요구하는 것일까. 이들은 독서경영이 직원들 간에 화제를 만들어주고, 경영진과 대화의 길을 열어주며, 세상을 바라보는 안목을 넓혀주는 최고의 솔루션임을 잘 알고 있기 때문이다. 또 독서경영의 목적은 단순히 책 전체 내용을 공유하는 것이 아니라 책을 매개로 조직의 창의력을 최대한으로 이끌어내자는 것이다. 국내 기업의 최고경영자들은 위기 탈출의 수단으로 책을 활용하여 '창의력과 사고력은 책으로부터 얻는 지식에서 발휘된다'는 평범한 진리를 실천하고 있는 것이다.

독서경영에 패턴리딩이 적합한 이유

기업의 독서경영 형태를 살펴보면, 우선 특정 도서를 전 직원들에게 보급·운영하는 형태가 있다. CEO나 경영전략·기획 담당자에 의해 도서 선정이 이루어진다. 이때 특정 책이 갖는 결과적 영향을 감안하는데, 이를 통해 전 직원들에게 영향력을 발휘하고자 한다.

또 다른 방법은 직원들 각자가 읽는, 혹은 부서별로 읽는 도서 구매 비용을 지원하는 형태다. 매월 일정량을 지원할 수도 있고, 무제한으로 허용하기도 한다. 이 경우 책을 읽은 후 특정한 리포팅을 요구하는 게 보통이다.

현재까지 이러한 독서경영의 형태는 생각보다 강력한 영향을 발휘해왔다. 독서경영을 도입한 기업 대부분이 만족을 표하는 점에서도 이를 확인할 수 있다. 그러나 문제는 독서가 갖고 있는 전제와 한계, 영향력이 제대로 검토되지 않는 상황에서 도입되는 경우가 많다는 점이다. 무엇보다 직원들 각자가 지닌 독서능력이 일정하지 않은데도 독서경영을 도입함으로써 위화감을 조성하거나 특정 직원들의 소외 상황을 야기할 수 있으며, 일정한 사후 보고, 즉 리포팅을 요구함으로써 또 하나의 스트레스 요인으로 작용한다는 점이다.

패턴리딩은 훈련 과정에서 이러한 여러 상황들을 '준비 단계'라는 과정을 통해 철저하게 고려하도록 배려한다. 또한 획일적인 리포팅 작업을 도입하기보다는 독서능력 수준별, 커뮤니케이션 유형별로 구분하여 운영함으로써 효과를 극대화하도록 도와준다.

무엇보다 문제를 문제 그 자체가 아닌 '해결을 위한 키워드'로 보게 하여 문제를 푸는 데 필요한 모든 자원을 활용하는 계기를 마련한다. 일반적으로 책을 읽는 행위는 지극히 개인적인 활동이다. 대다수 사람들이 편안하고 조용한 최적의 환경에서만 독서를 하려고 하는데, 이는 독서량을 줄이는 데 많은 영향을 미치고 있다. 패턴리딩은 책 자체가 갖고 있는 정보와 철학을, 독자는 절대 100% 이해할 수 없고 심지어 독자에 따라 이해 내용이 달라지는 현상을 일반화하여, 이를 오히려 긍정적으로 활용하고 있다. 이 과정은 '그룹 읽기(팀리딩)'라는 별도 기법으로 다뤄지고 있으며, 조직의 독서경영에 효과적이라는 것이 밝혀졌다.

패턴리딩을 이용하면
수학 문제를 잘 풀 수 있는 이유는 무엇인가

책을 통해 특정 정보를 입력하는 것만을 목적으로 한다면 수학책은 절대 읽을 수 없을 것이다. 그러나 책을 통해 문제를 해결하는 능력을 배우는 것이라면 수학책 역시 패턴리딩이 가능하다.

수학책에서 수학 문제는 학습된 능력 중 특정한 문제를 해결할 수 있는 패턴을 찾는 데 도움을 준다. 따라서 문제의 패턴과 그 문제마다 필요한 해법 패턴을 쉽게 찾아냄으로써 좋은 성적을 받을 수 있다. 또한 창의적 문제해결 능력을 배양함으로써 정해진 패턴이 아닌 새로운 해법 패턴을 찾는 데 도움을 주어 탁월한 성과를 얻을 수 있다. 무엇보다 '문제'가 아닌 '해결'을 위한 키워드로 보게 하여 문제를 푸는 데 필요한 모든 자원을 활용하는 계기를 마련한다.

필자는 현재의 공교육의 수학은 상당히 수준이 높긴 하지만 '입시'라는 틀에 맞추다 보니 매우 정형화되어 있다고 본다. 따라서 수능에서 '경향'이라 불리는 입시 패턴을 빨리 읽거나, 학교 내신에서 시험 문제를 내는 선생님의 패턴을 읽는 학생이라면 아주 쉽게 높은 점수를 받을 수 있는 것이다.

08

직업과 정서치료

북멘토: 직업으로서 패턴리딩

필자는 책과 관련된 직업을 갖고 있기에 책을 싫어하려야 싫어할
수 없는 처지지만, 정말 많은 사람들이 왜 책을 읽어야 하는지, 왜
많이 읽어야 하는지, 그리고 왜 독서법이 필요한지를 모르고 산다.
그 이유는 결국 하나로 귀결된다. 써먹을 데가 없기 때문이다. 그래
서 필자는 독서법의 전파만큼이나 독서를 통한 직업의 개발, 전파에
도 많은 시간과 정성을 쏟고 있다. 이 장에 대해 필자의 애정이 유독
깊은 이유이기도 하다.

북멘토는 매우 괜찮은 직업이다

속독법이 국내 여기저기에 보급되었다가 지나간 유행처럼 제대로

대접을 받지 못하긴 해도 독서와 관련된 직업은 다른 직업에 비해 매우 유망하다. 특히 세계 각국이 공교육의 질을 높이고자 하면서 학생들에게 기존과는 다른 사고방식이나 학습, 구술 능력을 요구하기 시작했다는 점과도 무관치 않다. 이는 그동안 평준화 등의 이유로 학습량을 줄여왔던 추세와는 정반대로 학생들에겐 분명 부담스러울 정도의 학습량을 요구하는 것이나 진배없다. 그런 측면에서 더 많은 독서를 해야 한다는 것은 자명한 일이다.

그런데 지금까지 공교육에서 '독서법'을 다룬 적은 단 한 번도 없다. 한글을 가르치거나 영어를 가르친 적은 있어도, 문제를 좀더 빨리 풀거나 지문을 좀더 빨리 이해하는 방법을 가르친 적은 있어도, 책 자체를 빨리 읽고 이해시키는 방법에 대해서는 다룬 적이 없었다. 이는 성인이 된 후에도 마찬가지여서 수많은 성인들이 책을 가까이하려 노력하지만, 정작 책을 어려워할 수밖에 없는 이유가 되기도 한다. 게다가 책은 얼마나 많이 쏟아지는가. 결국 한정된 시간에 한정된 지식을 더 빨리 학습하기 위해서는 누군가의 도움이 필요하게 된다. 따라서 북멘토(book mento)는 유망한 직업이 될 수밖에 없다.

북멘토는 한 권의 책이 가진 가치를 한정된 독자에게 적합하게 재가공하거나 극대화하도록 도와주는 사람들의 통칭이다. 국내에서는 '독서지도사'라 불리는 직업군도 엄밀히 따지면 '북멘토'에 포함된다. 현재 독서지도사가 유아와 초등학생 위주의 독서에 초점이 맞춰져 있는 것이 아쉽긴 하지만, 많은 독서지도사가 배출되고 있다는 점에서 향후 한국 학생들의 독서능력이 일취월장하리라고 기대해볼 만하다.

훌륭한 북멘토가 되려면

훌륭한 북멘토가 되기 위해서는 첫째, 좋은 책을 선별할 수 있는 능력이 있어야 한다. 당신이 많은 책을 읽어보았다면, 척 보고 좋은 책인지 아닌지 분간할 수 있는 직관력을 갖게 될 것이다. 다만 한 가지 주의할 점이 있다. 자신에게 좋았던 책을 누군가에게 강요하려 해서는 안 된다. 책은 지극히 개인적인 도구이다. 자신에게 좋은 책이 대부분의 사람들에게도 좋을 수 있지만, 특정한 누군가에게는 너무 어렵거나 재미없거나 쓸모없는 책일 수도 있다. 훌륭한 멘토는 자신의 지식과 방법만을 고집하지 않는다. 훌륭한 북멘토가 되려면, 당신으로부터 북멘토링을 받는 사람에게 맞추는 '눈높이 맞추기 과정'이 필요하다.

둘째, 책을 분석하는 방법을 익혀야 한다. 앞서도 설명했지만, 책은 오랜 역사적 노하우가 담긴 매우 체계적인 도구이다. 당신이 북멘토라면 적어도 어떤 책이든 순간적으로 구조화하거나 체계화할 수 있는 능력이 있어야 한다. 마인드맵이나 패턴맵 작성하는 법을 배우는 것도 좋다. 한 권의 책을 읽고 구조화하다 보면 책의 내용을 쉽게 전달할 수 있다.

셋째, 멘토링 자체에 익숙해져야 한다. 멘토링은 한 사람의 지식과 경험을 가장 잘 전달할 수 있는 기법이다. 아직 국내에는 많이 보급되지 않았지만, (주)크레벤아카데미 같은 전문적인 훈련 기관을 통한다면 삶을 통틀어 활용할 수 있는 기법들을 많이 배울 수 있다.

패턴리딩 F/T

1980년대 활발하게 보급되었던 속독법(정확히 말하면, 안구 훈련 독서법)은 현재 그 인기가 많이 떨어져 있다. 최근 외양만 바꿔 논술전문 교육으로 보급되고 있긴 하지만, 대체로 그 효용성이 현대의 학습자들에게 필요한 것과는 거리가 멀다.

어떤 학문이든 학습자의 태도로 배우기보다는 가르치는 사람의 태도로 배울 때 더 확실하게 배우게 된다. 특히 직접 가르쳐보면 그 내용의 깊이를 새롭게 깨닫는 경우가 많다. 필자도 새로운 분야를 배울 때 전문가 과정을 일부러 반복해서 듣는 경우가 많다. 그냥 참가자로서 들을 때와는 확실히 깊이 면에서 차이가 있다. 특별히 보강되는 내용이 있어서이기도 하지만, 가르치는 과정을 통해 내면적으로 더 깊은 이해에 도달하는 경험을 많이 하기 때문이다. 그래서 전문가 과정을 많이 소개하고 강조한다.

패턴리딩 역시 전문가 과정이 운영되고 있다. 이 책의 목적과는 거리가 있으므로 자세하게 소개하지는 않겠지만, 패턴리딩 역시 그 깊이를 제대로 느끼려면 전문가 과정을 들어보는 것이 좋으리라고 본다. 참고로 패턴리딩 전문가 과정 참가자들은 독서능력의 변화를 넘어 인생의 변화를 깊이 깨달았다는 이야기를 흔히 한다.

독서경영 전문가

(주)크레벤아카데미의 '독서경영 전문가 과정'이 대표적이다. 사실 기업교육 분야에서 독서법이 도입된 사례를 살펴보더라도 패턴리딩이 거의 유일하다. 이는 독서경영 자체가 지식경영에서 출발했고, 제대로 보급되기 시작한 지 오래되지 않았기 때문이다. 그러다 보니 기존에 개발된 '창의력'이나 '응용·직관력' 부분을 거의 반영하지 못하는 독서법은 실제 기업의 독서경영에는 거의 적합하지 않다. 또한 팀리딩과 같은 기업의 독서경영에서 사용되는 독특한 기법들이 기존의 독서법에는 전혀 언급되어 있지 않다.

패턴리딩 전문가와 달리, 독서경영 전문가는 패턴리딩 자체에 대한 이해와 더불어 기업의 경영에 대해서도 깊이 이해하고 있어야 한다. 특히 지식경영에 대한 개념과 실제에 대해 알지 못하면 독서경영 전문가로서의 역량은 반쪽짜리가 되고 만다.

현재 독서경영 전문가는 국내에 많지 않으며, 개척해야 할 부분이 상당히 많은 직업군이기도 하다. 그렇지만 그만큼 수요가 급격히 증가하고, 필요한 직업으로서 향후 미래형 직업을 찾는 사람들에게는 좋은 사례가 될 수 있을 것이다.

독서치료: 정서치료로서 패턴리딩

독서치료란 무엇인가

독서치료란 말의 어원은 'biblio(책, 문학)'와 'therapeia(도움이 되다, 의학적으로 돕다, 병을 고쳐주다)'라는 그리스어에서 유래되었다. 따라서 근본적으로 독서치료는 문학을 사용하여 정신 건강을 증진시키는 것이다.

독서치료에 대한 문헌을 살펴보면, 테베의 고대 도서관 현판에는 '영혼을 치유하는 곳'이라고 씌어 있었고, 알렉산드리아의 도서관에서는 책을 '영혼을 치유하는 약'이라고 일컬었다고 한다. 따라서 독서치료는 적어도 2,000년 이상의 역사를 가지고 있는 셈이다. 다음에 나오는 사례는 독서치료의 실제 예이다.

초등학교 6학년인 A군은 얼마 전까지만 해도 하루에 5~6시간씩 컴퓨터 게임에 빠져 있었다. 게임에 집착하는 아들이 못마땅해 어머니가 집에서 컴퓨터를 사용할 수 없도록 하자, 아이는 방과 후 PC방을 들락거리기 시작했다. 귀가가 늦다는 어머니의 꾸중에 아이는 거짓말까지 하게 되었다. 인터넷 전문업체의 설문조사에 따르면 학부모의 65%가 '자녀의 학습량 부족은 과도한 컴퓨터 사용 탓'이라고 답했을 정도로 자녀들의 과도한 컴퓨터 사용은 사회문제로까지 부각되었다.

A군과 어머니는 인터넷 중독 전문 상담을 통해 독서에 눈을 돌리

기 시작했다. 가족들과 함께 서점에 들러 책을 고르면서 재미도 생겼고, 가족 간의 유대관계도 강화되었다. 지금 A군은 일주일에 20권 이상을 독파하는 독서광이 됐고, 컴퓨터 사용도 하루 2시간 이내로 줄었다. 인터넷의 수렁에 빠진 A군은 독서치료를 통해 건강한 생활습관을 가지게 되었다.

도시에서 사업에 실패하고 농촌으로 귀향한 지 6년째에 접어들고 있는 K씨는 전원생활의 재미에 푹 빠져 있다. 신문이나 TV에서 중산층의 20년 은퇴 생활비가 1억 원이 넘는다는 보도에도 아랑곳하지 않고, 그는 월 생활비 50만 원이면 행복을 누린다고 자랑스럽게 이야기한다. 그런데 특이한 것은 적은 생활비 중에서도 책값으로 7만 원 정도를 소비하고, 하루 5~6시간을 독서에 투자한다는 점이다. 그는 독서를 하면서 실패에 대한 좌절감도 치료했고, 각종 스트레스로부터 자신을 보호할 수 있었다고 한다.

독서치료는 확장된 의미에서 자기이해를 기반으로 한 인식과 통합의 요소를 담고 있으므로 책을 접하는 자체만으로도 일종의 정서를 치료하는 것이다. 책을 읽으면서 내용이나 또 다른 무언가에 의해 뿌듯해지는 느낌을 받은 적이 있을 것이다. 베스트셀러 한 권을 사서 들고 있어보라. 아니면 책장에 꽂아놓아 보라. 무언가 채워지고 있다는 느낌 자체가 그 사람 스스로에게 긍정적인 영향을 준다면, 그것도 일종의 독서치료인 것이다.

독서치료의 목적

독서치료의 가장 일반적인 목적은 책을 읽는 이의 통찰과 자기이해를 증진시키는 것이다. 이것은 개인의 통찰을 증진시키려는 목표와 관련 있는 것으로, 정서적인 카타르시스를 경험하기 위한 것이다.

또한 독서치료는 사람들에게 날마다 발생하는 인간관계 문제들을 해결하도록 도와주기 위한 것이다. 다른 사람들에게 무의식적으로 잘못된 행동을 하거나, 타인과 상호작용하는 방식들을 변화시켜, 인간관계를 효율적이고 만족스럽게 증진시킬 수 있다.

문학작품을 활용하는 독서치료

문학작품으로 사람의 정신적인 갈등이나 고민을 치료하려는 시도도 활발하다. 생소한 분야이긴 하나, 책을 통해서 사람들의 정서적인 부분을 치유하는 방법이다. 문학작품이 가진 무한한 힘은 다양한 문학가들에 의해서 증명되고 있다. 그중에서도 독서를 통한 치료는 스트레스 같은 현대인들의 질병을 해결하는 데 도움이 된다.

그렇다고 패턴리딩을 문학서적에 항상 적용하자는 말은 아니다. 목적에 따라서는 패턴리딩 없이 진행할 필요도 있다. 저자의 생각이나 주인공의 패턴을 잘 알 수 있는 소설 속 대화에 초점을 맞춘다. 다만 문학작품 속에 화자들이 나누는 대화에도 엄연히 패턴이 존재하고 있다. 따라서 화자들의 대화에 집중하면 저자의 생각에 보다 분명하게 근접할 수 있는 것이다.

지금 당장 책을 더 잘 읽을 수 있게 해주는
10가지 좋은 습관

읽고 싶은 책을 쌓아두어라

한 권의 책을 사서 한 번에 읽을 생각은 접어야 한다. 자신의 마음, 자신의 두뇌는 그런 따분한 방법을 좋아하지 않는다. 단 한 페이지라도 재미있는 책을 즐거운 마음으로 읽을 수 있도록, 읽고 싶은 책을 기왕이면 산더미처럼 쌓아두어라.

정기적으로 서점을 방문하라

최소한 일주일에 한 번은 서점을 방문하라. 서점에 가서 책을 보는 것만으로도 지식의 트렌드를 꿰뚫을 수 있다. 매주 직접 서점에 가는 것이 어렵다면, 온라인 서점을 매주 한 차례 이상 방문하라.

수입의 일정액으로 무조건 책을 사라

세계적인 재테크 전문가들은 말한다. "수입의 일정액을 저축하라!" 필자는 이렇게 얘기하고 싶다. "수입의 5%는 무조건 책을 사라. 책부터 사라."

책 읽기에 적합한 환경을 찾아라

기왕이면 서재를 만들고 책 읽기에 좋은 스탠드를 구입하고 조명을 바꾸고 의자도 바꿔라. 아무튼 책을 읽을 때가 가장 편안한, 가장 즐거운, 가장 행복한 시간이 되도록 하라.

책 읽기 좋은 환경에 머무르는 시간을 늘려라

'적합한 환경'을 만들어두면 오래 있고 싶어진다. 그곳에 머무르는 시간을 가져라. 집에만 만들지 말고 사무실에도 만들어라. 아니면 좋은 카페를 찾아 단골이 되어라. 그곳에 머무른 시간이 만들어낸 미래를 맛보고 나면, 처음엔 비싸게 느껴지던 커피 값도 아깝지 않을 것이다.

항상 책을 지니고 외출하라

한 권, 아니 기왕이면 두 권 이상 들고 다녀라. 여성들이여, 명품 핸드백에만 투자하지 말고, 그 속을 채울 책에도 투자해보라. 당신을 바라보는 남자들의 눈빛이 달라질 것이다.

틈틈이 책을 보려고 노력하라

좀 위험하긴 하지만, 신호등이 바뀌기를 기다리는 순간에도 한 줄의 독서를 하는 사람이 있다. 단편적인 정보가 연결되지 않아 무용지물인 것 같지만, 그 정도로 책을 읽으려는 사람이라면 틈날 때마다 책을 읽으려 들 것이다. 누군가를 기다릴 때 책을 읽어보라. 당신을 만나러온 사람은 이미 지적으로 보이는 당신의 사람이 될 것이다.

집중이 안 될 땐 미련을 갖지 말고 책을 바꿔라

만화책도 재미없으면 바꾸는 게 원칙이다. 애써 산 책이 재미없다고 고민하지 마라. 본전 생각에 끝까지 읽으려 몸부림치는 동안, 아까운 시간은 허비되고 책 읽기에 대한 흥미까지 떨어진다. 그 책이 읽고 싶어질 때까지 넣어두면 그만이다.

책 한 권에 너무 집착하지 마라

책은 도구다. 그 속에 담긴 내용이 보물이지, 책 자체는 보물이 아니다. 그 내용을 당신의 보물로 만들기 위해 책을 마구 활용하라.

선물 받으려 하지 말고, 고르는 데 정성을 들여라

선물 받은 책을 읽는 비율은 직접 산 책을 읽는 비율에 비해 현격히 떨어진다. 돈을 들이면 그만큼 효과를 본다.

　필자는 스트레스를 받거나 기분 전환이 필요할 때 서점에 들른다. 간혹 이상한 취미라고 하는 사람도 있지만, 대부분의 사람들은 좋은 취미라고 얘기한다. 필자 역시 좋은 취미라고 생각한다.

　서점에 있는 수많은 책을 보다 보면, 때로는 책을 뽑지 않아도 무슨 내용이 담겼을지 느껴지기도 하고, 제목만 훑어봐도 세상이 어떻게 돌아가고, 어떤 것을 원하며, 어떤 일이 일어날지에 대해서도 느껴진다. 전공 분야도 아닌데 트렌드에 대해 강의하고 미래 전략과 경제에 관해 강의할 수 있는 힘도 책을 통해 얻었다.

　필자는 연간 약 700만 원을 독서에 투자한다. 매월 50만 원이 넘는 금액이다. 웬만한 직장인이라면 급여의 20% 정도를 훌쩍 넘는 금액이다. 어지간한 결심이 없으면 쉽지 않은 투자인 것이 사실이다.

　최근 독서에 대한 투자가 높아지긴 했지만, 이미 20여 년 전부터 매월 십여 권 이상의 책을 구매해왔다는 점을 말해두고 싶다. 책은 선행 투자이며 생각보다 효과가 늦게 나타나는 투자이기도 하다. 그래서 쉽게 투자하기 어렵고 제대로 효과를 보기도 쉽지 않은 게 사실이다. 하지만 투자 효과가 한 번 나타나기 시작하면, 그리고 지속적으로 투자해왔다면, 그 효과는 기하급수적으로 커진다. 직업에 대한 영향력도 엄청나서 매우 빠른 속도로 연봉을 높이거나 직위가 높아질 수 있다. 무엇보다 당신을 바라보는 사람들의 시선이 어느 순간부턴가 달라진다. 그래서 필자는 '책을 읽으라는 것'과 '책과 관련된 직업이나 직무를 가지라는 것'을 종교처럼 신봉한다.

패턴리딩은 익히기만 하면 엄청난 무기가 되는 독서법이다. 무엇보다 익히기 쉽고, 다른 분야에 적용하기 쉬운 독서법이다. 많지는 않겠지만, 이 책을 읽는 것만으로 패턴리딩을 완전히 꿰뚫어 본 독자도 있으리라 믿는다. 실제로 특정 분야의 책을 읽는 것만으로도 오랜 숙련을 거친 사람들보다 더 뛰어난 능력을 보여주는 사람들이 있다. 따라서 이 책을 곱씹으며 읽어보기를 권하고 싶다. 패턴리딩 마스터로서, 필자는 이 책을 읽는 독자들이 갖고 있는 잠재능력을 신뢰한다. 누구나 책을 잘 읽을 수 있다. 다만, 이 책만을 통해 모든 걸 얻으려고 한다면, 조금은 욕심을 버리라고 권하고 싶다. 이 책에서 익힌 독서법을 꾸준히 연마하기 바란다.

기억하라! 독서만큼 당신의 인생, 특히 당신의 직업에 영향을 미치는 기술은 없다는 사실을. 당신이 독서에 투자한 시간과 돈 모두 당신의 인생을 현격히 바꿔줄 것이라고 믿는다.

부록

워크시트

나의 독서습관 체크

다음 문항들을 읽어보고 각 문항별로 해당하는 곳에 체크해보자. 해당 문항에서 제시된 내용을 나의 독서습관과 비교해 '매우 부정'일 경우 1에, '일부 부정'일 경우 2에, '보통'일 경우 3에, '일부 긍정'일 경우 4에, '매우 긍정'일 경우 5에 체크하도록 한다.

번호	내용	1	2	3	4	5
1	차례(목차)를 보고 책의 주제와 줄거리를 파악할 수 있다.					
2	문제 발생 시 책에서 해답을 구하려고 한다.					
3	원하는 한 주제에 대해 여러 책을 비교해보고 선택한다.					
4	문화(도서)상품권이 생기면 항상 책을 구입하는 데 사용하는 편이다.					
5	책이 인생을 바꿀 수 있다고 믿는다.					
6	책을 읽을 때 색인을 활용할 줄 안다.					
7	책을 읽었을 때 중요하거나 의문시 되는 부분은 메모를 해둔다.					
8	책에서 얻은 교훈을 실제로 실천하기 위해 노력하는 편이다.					
9	책의 내용 전개 방식에 대해 알고 있다(기승전결, 서론―본론―결론).					
10	책을 읽고 난 후 내용을 구조화하여 정리할 수 있다.					
11	책에서 얻은 교훈을 남에게 전달해준다.					
12	구입한 책에 대해 후회한 적이 없다.					
13	독서를 위한 시간은 일의 우선순위에서 3순위 내에 속한다.					
14	책을 읽을 때 책의 종류에 따라 적합한 독서 방법을 알고 있다.					
15	책을 읽고 난 후 가치관이 변한 적이 있다.					
16	읽어서 좋았다고 생각한 책을 주위 사람에게 적극적으로 권한다.					
17	책을 읽고 생활 태도를 바꾼 적이 있다.					
18	독서 클럽이나 동호회에 참가하고 있거나 참여한 적이 있다.					
19	미디어의 공개적인 서평을 비판적으로 읽는다.					

20	책을 통해 얻은 교훈을 나의 생활신조로 사용한다.				
21	책을 읽고 나서 이전의 내 생활을 되짚어보며 반성해본다.				
22	상황에 따른 독서 방법을 숙지하고 있다.				
23	책을 통해 얻은 교훈을 행동으로 즉시 옮기는 편이다.				
24	지난 3개월 동안 대략 평균적으로 책을 10권 이상 구입했다.				
25	독서 후 생활이나 사고방식에 변화가 생겼다.				

25개 문항에서 각각 체크한 것을 아래의 표에서 해당 문항을 찾아 기입해보자.

A		S		K		E		P	
2		1		6		15		8	
4		3		9		17		11	
5		7		14		18		20	
13		10		19		21		22	
16		12		23		25		24	
합계		합계		합계		합계		합계	

25개 문항에서 체크한 점수를 5개의 유형에 따라 합산한 점수를 다음 페이지의 그림에 표시해보자. 그림에서 보듯이 A는 태도, S는 스킬, K는 지식, E는 경험, P는 실천을 의미한다. 나의 독서습관이 태도, 스킬, 지식, 경험, 실천의 측면에서 어느 정도에 해당하는지 파악할 수 있을 것이다. 그렇게 그려진 모양을 보고 보완해야 할 점을 분석하고 해결해보도록 하자.

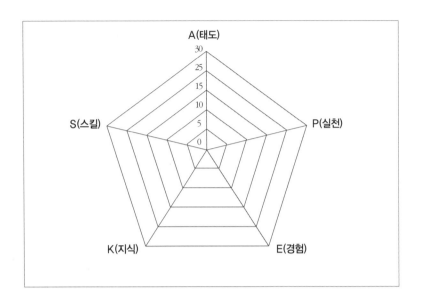

패턴리딩 학습법에서 배운 대로 한두 달 동안 책을 읽어본 뒤, 다시 한 번 앞의 체크리스트를 점검해보기 바란다. 한두 달 뒤에는 아마 위 그림에 유의미한 변화가 있을 것이다.

패러다임 전환 훈련

네덜란드 출신의 화가 에셔(Maurits Cornelis Escher: 1898~1972)는 독특한 패턴과 공간의 환영을 반영한 작품들로 독창적인 작품세계를 펼친 미술가다.

다음은 에셔의 그림 중 하나다. 무엇이 보이는가.

천사와 악마 중 무엇이 먼저 보이느냐에 따라 마음속에 천사가 있는지, 악마가 있는지 알 수 있다는 등의 해석이 떠돌고 있지만, 사실 이 그림을 보는 사람의 대부분은 악마를 먼저 보게 된다. 그 이유는 우리의 뇌가 하얀색보다 검은색을 먼저 인식하기 때문이다. 일반적으로 우리는 어떠한 하나의 인식적 틀을 가지고 판단하고 사고한다.

패턴리딩

다음의 그림 역시 에셔의 작품 중 하나다.

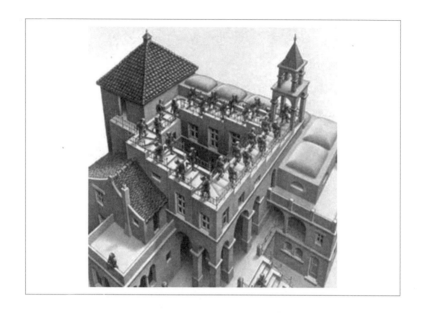

그림에 보이듯이, 뫼비우스의 띠처럼 병사들이 끝이 없는 계단을 오르고 있다. 불가능한 그림일까.

이 그림을 어느 레고 마니아가 레고로 똑같이 재현해 만들고 이를 사진으로 찍은 것이 화제가 된 적이 있다. 다음 페이지의 사진은 어느 애호가가 에셔의 그림을 실제 레고 모형으로 만들어놓은 것이다.

■ 에셔의 작품을 레고로 재현한 결과물 사진

이 레고 사진은 어떤 그래픽 보정도 하지 않은 것이다. 놀랍지 않은가. 회화 작품이라면 몰라도 레고 블록으로 뫼비우스의 띠처럼 사람과 계단을 배치해놓았다.

그러나 사진을 보면 사람들이 끝없이 이어지는 계단을 오르는 것처럼 보이지만, 실제로는 단지 지정된 각도에서 시각적 착오가 이루어졌을 때만 그렇게 보인다. 우리는 어쩌면 이러한 패러다임 속에서 살고 있는 것일 수도 있다.

레고 사진의 비밀은 다음과 같다.

패 턴 리 딩

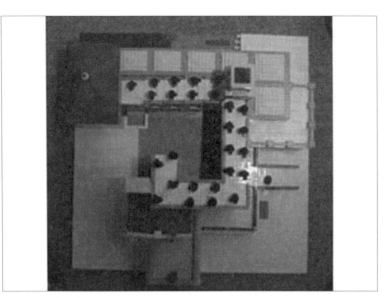
■ 레고 블록의 비밀

속독 훈련을 위한 준비

속독 훈련을 하기에 앞서 다음 사항들을 명심하도록 하자.

1	허리를 곧고 바르게 편다.
2	책의 왼쪽과 오른쪽의 하단 부분을 힘 있게 잡도록 한다.
3	책과 눈 사이의 거리는 30~40cm 정도로 유지한다.
4	시점을 책 제본선(중앙)에 두고 좌우의 기호를 빠르게 인지한다.
5	누워서 하거나, 엎드려서 하지 않는다.
6	훈련이 끝나면 눈을 힘 있게 감아준다. 눈을 감은 상태에서 안구를 시계 방향과 반시계 방향으로 회전한 후 눈을 뜨도록 한다.

독서 속도 자가 테스트

자신의 읽기 속도를 측정하는 방법은 다음과 같다. 먼저 독서 속도를 측정하고자 하는 책을 선정하여, 본문 한 페이지의 줄 수와 본문 전체 페이지 수를 체크한다. 그리고 다음과 같은 방법으로 계산한다.

만약 페이지당 줄 수가 20줄이고, 총 페이지 수가 110페이지인 책의 경우 아래와 같이 독서속도가 계산된다.

책의 총 줄 수(총 페이지 × 페이지당 줄 수): $110 \times 20 = 2,200$

독서 시간(초): $40분 \times 60초 = 2,400초$

책의 총 줄 수/독서 시간(초): $2200/2400 = 0.91$

No	날짜	독서속도(1분당)	이해도	속독 기술	비고
예시	2010. 11. 20.	1,360	60%	스키밍	시야가 넓어지기 시작.
1					
2					
3					
4					
5					

체크! 나에게 어울리는 독서

책은 잡지, 논문집, 입문서, 실용서, 교재(교과서, 학술서) 등 종류에 따라 단계적, 경험적으로 다르게 접근한 후, 각 책의 성격에 맞게 정보를 습득하여 활용할 수 있어야 한다.

백과사전은 정설, 통설에서 개요를 파악하고, 연표는 시간 축에 따라 관계가 설정된 것이기 때문에 역사적 사상들의 일련의 흐름을 염두에 두고 읽어야 한다.

웹사이트는 독해력 이전에 검색력과 탐색력이 활용의 관건이다. 학문과 이론 관련 텍스트는 체계적으로 이해하는 힘이 필요하기 때문에 텍스트 구조 자체에 대한 이해가 먼저 선행되어야 정보를 빠르고 정확하게 습득하고 활용할 수 있다.

이렇게 텍스트 종류에 따라 이해력 측면의 읽기 기술이 달라지는데 읽기의 속도 또한 텍스트의 종류와 목적에 따라 다르게 사용될 수 있다. 일상생활에서 접하는 다양한 종류를 속독해보고 다음 표에 맞는지 틀리는지 표시해 본다. 계속해서 기록을 해나가다 보면 자신에게 맞는 속독 패턴을 좀더 많이 찾을 수 있을 것이다.

	○	△	×
정보			
도표			
통계			
신문			
전문서적			
백과사전			
연표			
웹사이트			
논문			
TV 채널 돌리기			

어떤 책을 읽으면 좋을까

인문

에드워드 윌슨, 《통섭》, 사이언스북스, 2005

김애리, 《책에 미친 청춘》, 미다스북스, 2010

데이비드·밀스, 《우주에는 신이 없다》, 돌을새김, 2010

임석민, 《경영학자가 쓴 돈의 철학》, 나남, 2010

존 레이티, 《뇌 1.4킬로그램의 사용법》, 21세기북스, 2010

심경호, 《나는 어떤 사람인가》, 이가서, 2010

EBS 지식프라임 제작팀, 《지식 프라임》, 밀리언하우스, 2009

유시민, 《청춘의 독서》, 웅진지식하우스, 2009

이어령, 강창래, 《유쾌한 창조》, 알마, 2010

리처드 도킨스, 《만들어진 신》, 김영사, 2007

정재승, 진중권, 《크로스》, 웅진지식하우스, 2009

로버트 루트번스타인, 미셸 루트번스타인, 《생각의 탄생》, 에코의서재, 2007

경제경영

필립 코틀러, 《마켓 3.0》, 타임비즈, 2010

필립 코틀러, 《퍼스널 마케팅》, 위너스북, 2010

쑹훙빙, 《화폐전쟁》, 랜덤하우스코리아, 2008/2010

세일러, 《불편한 경제학》, 위즈덤하우스, 2010

전병서, 《금융대국 중국의 탄생》, 밸류앤북스, 2010

이재규, 《무엇이 당신을 만드는가》, 위즈덤하우스, 2010

존 나이스비트, 《메가트렌드 차이나》, 비즈니스북스, 2010

알 리스, 로라 리스, 《경영자 VS 마케터》, 흐름출판, 2010

김용철, 《삼성을 생각한다》, 2010

말콤 글래드웰, 《그 개는 무엇을 보았나》, 김영사, 2010

자기계발

샘 고슬링, 《스눕》, 한국경제신문사, 2010

유필화, 《역사에서 리더를 만나다》, 흐름출판, 2010

칩 히스, 댄 히스, 《스위치》, 웅진지식하우스, 2010

진형준, 《상상력 혁명》, 살림, 2010

김미경, 《김미경의 아트 스피치》, 21세기북스, 2010

공병호, 《공병호의 인생 강독》, 21세기북스, 2010

신상훈, 《유머가 이긴다》, 쌤앤파커스, 2010

정철상, 《심리학이 청춘에게 묻다》, 라이온북스, 2010

린 A. 로빈슨, 《직관이 답이다》, 다음생각, 2010

에드워드 드 보노, 《생각의 공식》, 더난출판사, 2010

문학

베르나르 베르베르, 《뇌》, 열린책들, 2002

이문구, 《관촌수필》, 문학과지성사, 2003

신경숙, 《외딴방》, 문학동네, 1999

조창인, 《가시고기》(개정판), 밝은세상, 2007

에밀 아자르, 《자기 앞의 생》, 문학동네, 2003

헤르만 헤세, 《수레바퀴 아래서》, 민음사, 2009

헤르만 헤세, 《데미안》, 민음사, 2009

마크 트웨인, 《톰 소여의 모험》, 민음사, 2009

리처드 바크, 《갈매기의 꿈》, 현문미디어, 2003

켄 키지, 《뻐꾸기 둥지 위로 날아간 새》, 민음사, 2009

F. 스콧 피츠제럴드, 《위대한 개츠비》, 문학동네, 2009

철학

강신주, 《철학적 시 읽기의 즐거움》, 동녘, 2010

장회익, 최종덕, 《이분법을 넘어서》, 한길사, 2007

데릭 존스턴, 《철학 지도 그리기》, 지식나이테, 2007

와시다 고야타, 《생각의 에너지》, 스타북스, 2007

김주현, 《외모 꾸미기 미학과 페미니즘》, 책세상, 2009

클로드 레비 스트로스, 《보다 듣다 읽다》, 이매진, 2008

진중권, 《놀이와 예술 그리고 상상력》, 휴머니스트, 2005

박정자, 《빈센트의 구두》, 기파랑, 2005

옌스 쥔트겐, 《생각 발전소》, 북로드, 2005

김용규, 《설득의 논리학》, 웅진지식하우스, 2007

역사

엘레나 코스튜코비치, 《왜 이탈리아 사람들은 음식 이야기를 좋아할까》, 랜덤
  하우스코리아, 2010

유재원, 《터키 1만년의 시간여행》, 책문, 2010

서정철, 김인환, 《지도 위의 전쟁》, 동아일보사, 2010

김문수, 《우리 설화》, 돋을새김, 2010

장학근, 《우리가 몰랐던 조선》, 플래닛미디어, 2010

앨버트 후라니, 《아랍인의 역사》, 심산, 2010

르몽드 디플로마티크, 《르몽드 세계사》, 휴머니스트, 2008/2010

과학

이은희, 《하리하라의 과학 고전 카페》, 글항아리, 2008

빌 브라이슨, 《거인들의 생각과 힘》, 까치, 2010

빅터 J. 스텐, 《물리학의 세계에 신의 공간은 없다》, 서커스, 2010

Transnational College of Lex, 《수학으로 배우는 파동의 법칙》, GBRAIN,
  2010

이권우, 권오길, 이명현, 여인석, 이종필, 《우리에게 과학이란 무엇인가?》, 사
  이언스북스, 2010

커트 보네거트, 《갈라파고스》, 아이필드, 2003

데니스 브라이언, 《아인슈타인 신이 선택한 인간》, 말글빛냄, 2006

자예 애베이트, 마이클 톰셋, 《건축의 거인들 초대 받다》, 나비장책, 2009

리처드 도킨스, 《이기적 유전자》(개정판), 을유문화사, 2010

세드리크 레이, 장 클로드 푸아자, 《일상 속의 물리학》, 에코리브르, 2009

패턴리딩 인증 강사진

현재 40여 명의 패턴리딩 강사분들이 전국적으로 활동하고 있다. 특이한 점은 대부분의 강사들이 별도의 직장생활을 하고 있는 평범한 직장인이라는 점이다. 인증 강사들이 직장생활도 잘하고 패턴리딩 강사로도 활발히 활동 중인 것을 보면, 패턴리딩의 효과를 다시 한 번 가늠할 수 있다. http://www.creven.org/integration/column.asp에서 강사들이 올리는 다양한 독서 칼럼들도 확인할 수 있다. 다음 강사 소개는 가나다순이다.

김성민(하이닉스 반도체 주임연구원) 패턴리딩을 만난 후 환경을 바꾸고 부단한 노력과 훈련을 하는 강사다. 독서력 향상을 통한 자신감과 패러다임의 변화로 업무에서도 괄목할 만한 성과를 나타내는 동시에 패턴리딩 대표 교수진으로 활동하며 1일 1책을 실천하고 있다. 매일 아침 트위터에 읽은 책들을 소개하며 하루를 시작한다. 독서를 통해 변화·성장하여 언젠가 대한민국을 움직이는 100인이 되고 싶어 하는 강사다(www.twitter.com/bookledge).

김수호(홍천군농업기술센터) 강원 지역에 패턴리딩을 보급하기 위해 활동 중이다. 채식으로 아이들을 키우는 데 많은 관심을 쏟고 있다. 앞으로 유기농 채소를 통한 대체 식단의 전문서적 집필 및 전문가로 활동하는 것이 목표다(soohogood@hanmail.net).

김영숙(진로상담사) 꾸준한 독서습관으로 가족을 변화시키고, 가족과 함께하는 패턴리딩을 실천하고 있다. 가족을 경쟁자로 만들어 행복한 가족문화를 만들어 가자고 말하며 실천하는 강사다.

김지훈(O&M Korea) 근로자와 사용자를 잇는 다리가 되겠다는 포부를 가진 공인노무사다. 패턴리더로서 책과 독자를 잇는 다리가 되겠다는 목표를 가지고 있다(pleaded@nate.com).

박정석(메가스터디) 국내 최대 온라인 교육업체 종사자답게 명강사의 자질이 다분하다. 장차 미래형 학습센터를 만들어 사람들의 학습능력을 극대화시키는 꿈을 갖고 있다(keyword2007@naver.com).

박진향(전국은행연합회) 삶의 어려운 고비마다 책이 위로와 길이 되어준다는 것을 누구보다 강하게 경험했다. 패턴리딩으로 스스로 변화하는 자신을 느끼며, 삶의 등대가 되어주는 패턴리딩을 전파하는 데 누구보다 열성인 강사다.

이용(LG화학) 패턴리딩 덕분에 가정과 직장에서 멋진 경험을 한 후, 패턴리딩 전도사라 불릴 정도로 활발한 활동을 하고 있다. 특히 사내 독서모임을 주도할 만큼 독서에 푹 빠져 있다(yleec@naver.com).

이정애 패턴리딩 강사진들이 인정하는, 패턴리딩을 통해 가장 많은 변화를 보여준 여성 강사다. 그녀의 이름을 거꾸로 하면 애정이다. 독서를 향한 열정을 넘어 애정을 갖고 있는 그녀는 많은 이들이 책을 통해 변화와 성장을 이루길 간절히 바라며 자신의 노력과 성공의 순간들을 전하는 데 온 힘을 다하고 있다(lgy1124@hanmail.net).

장현택(㈜메이밴) 많은 이들과 함께 책을 생활화하는 것을 꿈꾸는 패턴리딩 강사다. 특히 북카페를 만들기를 원하며, 이를 통해 사람들에게 긍정적 변화를 전달하고 싶어 하는 훌륭한 패턴리더다.

전성호 패턴리딩뿐 아니라 IT에서의 다양한 경험을 통해 컨설턴트로도 활동 중이다. 충북 청주에서 활동 중이며, 강사라는 직업에 대한 애착이 크고, 일반인 및 장애인들에게 더 나은 변화와 성공을 주기 위해 활동 중인 노력파 강사다(agla1@naver.com).

정주섭 유명 패션회사에서 근무하다가 인생의 도전을 위해 큰 결단을 한 후 패턴리딩 강사의 길을 걷고 있다. 다양한 분야에서 미래 지식서비스 전문가가 되기 위해 맹렬히 노력 중인 강사다(skycjs@chol.com).

조병언(LS전선) 평범한 직장인으로만 남는 것을 거부하고, 지식서비스 분야에서 인정받는 지식근로자로서 활동 중이다. 생활 속에 패턴리딩을 깊이 새기려고 노력하는 강사다(dongzuk@paran.com).

하승범(SC제일은행) 국내 최대 자기계발 커뮤니티 CREVEN.org에서도 가장 많은 학습을 하는 회원으로 유명하다. 특히 가족과 함께 자기계발을 하는 등 진정한 투자는 자기계발이라는 것을 실천하는 강사다(win1004ha@unitel.co.kr, http://cafe.naver.com/williamzzang.cafe).

황인복(농협하나로클럽) 부산에서 활동 중이며, 부산을 서울 못지않은 교육의 도시로 만들겠다는 당찬 포부를 가지고 있다. 패턴리딩뿐 아니라 석세스플래닝, SwU 코칭 전문가로도 활동 중이다(hwanginbok@hotmail.com).

패턴리딩 독서학습법 과정

2005년부터 시작된 패턴리딩 독서학습법은 지식을 효과적으로 습득할 수 있는 방법을 가르쳐 줌으로써 수많은 사람들의 경쟁력을 강화시켜 주었습니다. 패턴리딩 독서학습법은 '더 빨리, 더 정확하게 읽고, 더 오래 기억하고, 더 잘 활용한다'는 4가지 목표를 동시에 달성시켜 주는 독서학습법입니다.

패턴리딩 독서학습법은 가장 최신의 인지과학적 요소를 기반으로 하여 대규모 연구자금이 투자된 독서 프로그램으로, 오랜 검증을 통해 누구나 쉽게 이해하고 적용할 수 있도록 설계되었습니다.

패턴리딩 독서학습법은 대전공무원교육원에서 '성공적인 자기관리' 과정 중 하나로 소개되어 2006년 우수 프로그램으로 선정된 독서학습법입니다.

패턴리딩 독서학습법은 독서능력을 향상시키고 싶은 분들은 물론, 창의적인 아이디어를 요구받는 직장인, 정보 습득력을 높이고 싶은 직장인, 학습 능력을 향상시키려는 학생 및 취업 준비생들에게 탁월한 효과가 있습니다.

여러분은 패턴리딩 독서학습법 마스터코스를 통해 21세기 최고의 지식 전문가로 거듭나실 수 있습니다.

패턴리딩 독서학습법 마스터코스

패턴리딩 독서학습법 마스터코스는 매주 150분씩 10주간의 과정을 통해서 패턴리딩 독서학습법의 이론과 개인 실습, 온·오프라인 토론, 과제 수행 등을 바탕으로 패턴리딩 독서학습법을 종합적으로 배우는 과정입니다.

이 과정을 통해 책을 보다 빠르고 정확하게 읽을 뿐 아니라, 습득한 정보를 잘 활용하는 능력을 기를 수 있도록 체계적으로 구성되어 있습니다.

패턴리딩

마스터코스의 특징

- 이론과 실습의 병행으로 학습효과 극대화
- 멘토링 독서 강좌, 오프라인 · 온라인 독서토론 모임, 워크숍 등 심화학습 기회 제공
- 수료 후 온라인 강좌를 통해 복습 기회 부여(6개월간)
- 크레벤이 인증하는 최고의 강사진
- 4,000여 종의 도서 및 학습자료 대여 가능
- 체계적인 학습관리 시스템과 피드백 제공

패턴리딩 마스터코스 개요(평일반 10주 과정)

[1주] 패턴리딩 독서학습법의 이해 (공개 세미나)

[2주] 태도와 목표: 독서 동기부여 (이정애)

[3주] 과속읽기 & 잘라읽기의 이해와 실습 (인증강사)

[4주] 구매와 선택 & 환경과 습관 (인증강사)

[5주] 시간과 계획: 독서학습 성공을 위한 석세스플래닝 (백기락)

[6주] 잘라읽기 & 섞어읽기의 이해와 실습 (인증강사)

[7주] 기술과 방법: 프로세스적 접근 및 다양한 독서 기술의 특징 이해 (인증강사)

[8주] 북멘토링 & 팀리딩 커뮤니케이션 (안계환)

[9주] 지식의 분량 & 적용과 활용 (인증강사)

[10주] 학습법 이해하기 및 총정리 & 과정 마무리 (백기락)

패턴리딩 최신개정판

1판 1쇄 인쇄 | 2010년 10월 25일
1판 1쇄 발행 | 2010년 11월 05일

지은이 백기락
펴낸이 최준석

펴낸곳 크레벤지식서비스(한스컨텐츠(주))
주소 (우 121-894) 서울시 마포구 서교동 375-36 한성빌딩 3층
전화 02-322-7970 **팩스** 02-322-0058
출판신고번호 제313-2006-000107호 **신고일자** 2006년 5월 15일

ISBN 978-89-92245-07-4 13320